|永远的丰碑|

中共历史上的 杰出领导人

朱 德

魏丽莉　付惠云　编

北京出版集团
北京少年儿童出版社

图书在版编目（CIP）数据

中共历史上的杰出领导人. 朱德／魏丽莉，付惠云编. —2版. —北京：北京少年儿童出版社，2017.12
（永远的丰碑）
ISBN 978-7-5301-5279-9

Ⅰ.①中… Ⅱ.①魏…②付… Ⅲ.①朱德（1886-1976）—生平事迹—少儿读物 Ⅳ.①K827=7

中国版本图书馆CIP数据核字（2017）第236013号

永远的丰碑
中共历史上的杰出领导人　朱德
ZHONGGONG LISHI SHANG DE JIECHU LINGDAOREN　ZHU DE
魏丽莉　付惠云　编
＊
北 京 出 版 集 团
北 京 少 年 儿 童 出 版 社　出版
（北京北三环中路6号）
邮政编码：100120
网　　址：www.bph.com.cn
北京少年儿童出版社发行
新 华 书 店 经 销
河北宝昌佳彩印刷有限公司印刷
＊
787毫米×1092毫米　32开本　4.875印张　69千字
2017年12月第2版　2023年2月第9次印刷
ISBN 978-7-5301-5279-9
定价：18.00元
如有印装质量问题，由本社负责调换
质量监督电话：010-58572171

CONTENTS 目录

第一编
千磨万击还坚劲

1. 读私塾的日子 / 3
2. 新学堂里念救国 / 13
3. 军民情意深似海 / 23

第二编
度量大如海,意志坚如钢

1. 远涉重洋寻真理 / 35
2. 只要红军胜利,区区一个朱德又何惜! / 45
3. 朱毛不可分 / 55

第三编
运筹于帷幄之中,决胜于千里之外

1. 护国战争建奇功 / 67

2. "在华北捅了一个马蜂窝" / 77

3. 大决战，大辉煌 / 87

第四编
天若有情天亦老

1. 我永远怀念她——我的母亲 / 99

2. 与良师益友蔡锷 / 107

3. 友谊逐日深——与史沫特莱 / 117

4. 朱德和他的儿女们 / 127

第五编
莫道桑榆晚，为霞尚满天

1. 兰花情 / 137

2. 读碑临帖一生不辍 / 145

第一编

千磨万击还坚劲

1. 读私塾的日子

　　四川省北部的仪陇县,坐落在大巴山脉西麓,隐藏在层层叠叠的山峦中。

　　1886年12月1日,大巴山区雪花漫天飞舞,在仪陇县马鞍场的一户普通佃农家里,一个男孩呱呱坠地,给这个贫困的家庭带来一些欢乐。这个男孩,就是后来新中国的开国元勋——朱德元帅。

　　按照族谱,朱德是"代"字辈的,所以,祖父给他起名"代珍"。后来进私塾念书的时候,先生给他起名"玉阶"。再后来,参加县里的科举考试,他又改名为"建德"。直到报考云南陆军讲武堂,他才改名为朱德。

　　朱德的祖上从广东韶关迁往四川,开垦荒地得到一

▲ 朱德祖屋

些田产，自家耕种也能自给自足。但是，到了朱德祖父这一辈，世道不好，家里的田地已经不够养家糊口，没有办法，只好租地主的土地耕种，成为受剥削受压迫最深重的佃农。

朱德出生的时候，家里已经有一个姐姐和两个哥哥，姐姐出嫁得早，剩下的兄弟三人每个正好相差两岁。朱德的降生给这个贫困的家庭又添了一张嘴，做父母的不知道是应该欢喜还是应该忧虑。

虽然家境贫苦，但是朱德一家从来没有被苦难吓倒。朱德的祖母勤俭持家，把一家老小的生活安排得秩序井然。朱德的祖父勤劳坚毅，善于操劳田地里的活计，直到八九十岁还在地里耕作。

朱德的母亲善良勤劳，在大家庭里也总是任劳任怨。朱德在母亲的影响下，很小就跟在母亲身后在地里做农活。有时，他也会安安静静地坐在母亲的纺车旁，听母亲讲古人刻苦读书的故事。在这样的环境里，朱德从小便懂得吃苦和隐忍。

在那个时代，贫困的家庭想要改变命运，最好的办法就是送子女去读书，读好书去参加科举考试，金榜题名之后，就可以得到一官半职，境遇从此改变。朱家长辈跟大多数百姓一样，盼望孩子有个好前程。他们宁肯一家人勒紧裤腰带，节衣缩食，也要供孩子去读书。因此，在朱德（当时叫朱代珍）6岁

阅读拓展

★ 佃 农

指封建社会时期，租种地主家土地的农民。在中国，不同时期称呼不同，也有叫田客、佃客、地客、庄户、佃户等。在西欧封建社会，承租份地的农民也称佃农。

永远的丰碑

那年,他和哥哥朱代历被送到丁家私塾读书。

丁家私塾是大财主丁阎王开办的,丁家有钱有势,在当地是一霸,朱家就是丁家的佃户。而且,在丁家私塾里读书的孩子都是丁家的子弟,只有朱家兄弟是外姓人。在这样的学馆里,朱家兄弟肯定会受欺负。

最常见的把戏，是地主家少爷噘起嘴，学着猪的模样，对朱家兄弟说："朱娃子就是猪娃子，也配来我家学馆读书？"朱家兄弟隐忍着，不搭理他。

有一天，大伯从自家的梨树上摘下一个梨，给朱德带着去学馆。刚进学馆，正巧碰上了地主家少爷。那少爷一把抢过朱德的梨，张开大嘴就啃，一边啃还一边说："梨子是我这样的少爷才可以吃的，哪一个看见猪（朱）可以吃梨子的？"

朱德气得握紧了拳头，忍无可忍，冲地主家的少爷喊道："还给我！还给我！"

还没等朱德冲过去抢，几个地主家的孩子凑上来对他就是一顿拳打脚踢。私塾先生连忙把他们拉开。

其实，私塾先生也经常受到地主和地主少爷的欺凌，他没有办法为朱家

★私 塾

私学的一种。旧时家庭、宗族或教师自己设立的教学处所，一般只有一位教师，采用个别教学法，没有特定的教材和学习年限。新中国成立后，私塾逐渐消失。

永远的丰碑

阅读拓展

★ **甲午战争**

是清朝末年，日本侵略中国的战争。1894年7月25日丰岛海战爆发，此年按古代纪年法是甲午年，故称甲午战争。1895年4月，以中国失败，签订不平等的《马关条约》告终。

兄弟主持公道，他只能告诉朱家兄弟："有句古话，叫作'吃得苦中苦，方为人上人'。你们要能吃得下常人吃不下的苦，受得了常人受不了的气，将来才能出人头地，有所作为！"

朱德记住了私塾先生的话，暗暗下定决心，要刻苦学习，长大了不再受人欺侮。

又过了一年，朱家实在负担不起两个孩子读书的费用，哥哥朱代历被迫回家种田，朱德一个人继续在丁家私塾读书。又过了一年，川北山区遭遇干旱，朱家的土地颗粒无收，全家人只能靠野菜、树叶度过饥荒。朱德也因为家里交不起五六石粮食的学费而失学。

灾荒一直持续了好几年，迫不得已，朱家举家搬迁，回到祖屋所在的大湾。10岁这年，朱德被送到离大湾不远的席家私塾读书。那一年，正是中日甲午战争失败的第二年——1896年。

席家私塾的先生姓席，名国珍，字聘三，是一位爱国志士。他学识渊博，关心时政，常常给学生们讲国家面临被列强瓜分的屈辱境遇，希望学生们好好学习，长大了能建立富强的中国。

席先生给学生们讲刚刚失败的中日甲午战争，讲清朝政府腐败无能、卖国求荣，也讲了西方列强的强大之

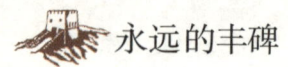
永远的丰碑

路:"英国、法国、美国这些西方列强,它们靠着先进的科学技术成为强国,傲视欺凌中国,在中国的土地上肆意横行,日本更是大肆掠夺中国财富。这次战争,清

朝政府的赔款让我们的民族更加蒙受屈辱……民不聊生……你们一定要记住这些耻辱,要努力读书,为国家富强而努力。"

席先生常常掷地有声地说:"同学们,你们一定要记住:'天下兴亡,匹夫有责。'"

席先生慷慨激昂的讲述使朱德懂得,读书不仅是为了自己将来不受屈辱,更是为了国家和民族将来不受屈辱。

朱德非常敬重席先生,在听席先生讲课之余,常常到席先生家帮助先生挑水、做饭。这年夏季的一天,朱德挑着水刚走进席先生家,就看见一个叫吴绍伯的同学兴冲冲地跑进来,手里还拿着一本新书。

"席先生,这是我刚从成都带回来的书,您瞧瞧。"吴绍伯举着手里的新书兴奋地说。

阅读拓展

★ 维新派

甲午战争失败后,爱国人士康有为、梁启超、谭嗣同等人看到清朝腐败、国家危难,主张变法维新,振兴国家。与之对立的是不主张变法的顽固派。

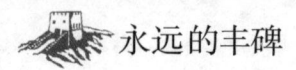

"我也来看看。"朱德放下水桶迫不及待地走到席先生和吴绍伯身旁。

"啥子书?"席先生饶有兴趣地翻看着新书,"数学?北京译学馆出版的,这是新学。"

新学是相对于中国传统的儒家教育而言,在清朝末期,维新派人物主张学习西方先进的科学技术,并在中国创办西式学堂,教授西方的物理、化学、地理和数学等科目,通过广泛传播科学技术实现富国强兵之路。

朱德青少年时期,正值新学盛行之时,新学犹如一缕清风,吹进了大巴山山麓下的私塾馆,少年朱德在那里如饥似渴地阅读了大量的新学书籍。

少年朱德还跟随着席聘三先生学习传统文化,从《大学》《中庸》《论语》《孟子》,到唐诗、宋词,他深深地喜爱着传统国学;同时,他对科学技术也萌发了浓厚的兴趣。这时少年朱德的视野,已越过蜿蜒起伏的大巴山,触及更辽阔的世界。他开始憧憬着走出大巴山,他要看看更开阔的天地,学到更加先进的知识,为中华民族走向富强之路而奋斗。

2. 新学堂里念救国

从10岁到18岁（1896—1904年），朱德在席聘三先生的私塾里整整读了8年书。这8年，社会发生着巨大的变革。在席先生的指点教导下，朱德逐渐开阔了眼界，从最初"支撑门户""光宗耀祖"的理想里跳出来，懂得了不仅要救家还要救国、要富国强兵的道理。

可是，朱家的长辈却一直坚持朱德走科举应试之路，考取功名就可以得到官职，从而改变家族的命运。

18岁那年，家里要他去参加科举考试。

此时的朱德，非常向往城里的新学堂，但他从小就是个懂事的孩子，他知道一家老小10多年来节衣缩食，把所有的希望都寄托在自己身上，面对沉默不语的父

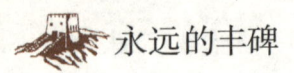
永远的丰碑

亲,看着殷殷切切的母亲,朱德最终同意应试,并向父母承诺:"我今年去考,一定好好考。"

朱德挎着一个小布包袱,里面装了几件换洗衣服,怀揣着从亲友那里借来的盘缠,和几个同窗好友一起,

步行约37公里路程，到仪陇县城参加县试。

这一次县试，在1000多名考生中，朱德位列前20名，这让朱家惊喜万分。

其实，在这时，朱德对科举考试已经没有什么兴趣，他明白即便考中个秀才、举人，又能怎样？家里没钱没势，照样做不了官。

一起参加县试的考生，有的要去成都考新学，这让朱德非常羡慕。可是，在朱家长辈的期盼之下，朱德不得不和几个同乡一起，前往顺庆府（今四川省南充市）参加府试。这一次，朱德又一次榜上有名。

眼看朱家希望孩子读书做官的梦想就要实现了，突然传来朝廷的诏令：自丙午年（1906年）起，废止科举考试。这对朱家无疑是沉重的打击。

一向沉默的父亲更加寡言少语，母

阅读拓展

★ 科举考试

起于隋朝，止于清末的一种通过分科考试选拔人才，进朝为官的制度。隋文帝建立的科举制度使出身低微、贫寒的普通人有了施展真才实学的途径和机会。

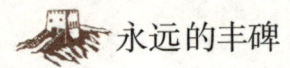

永远的丰碑

阅读拓展

★ **四川保路运动**

　　清末四川人自修铁路，清政府迫于帝国主义压力要收回路权，四川各阶层人士奋起反抗。保路运动极大地鼓舞了革命党人的斗志，它促进了武昌起义的爆发。

　　亲则默默地坐在纺车旁，手里纺线的速度却明显慢了下来。吃饭的时候家里也静悄悄的。要在平时，这是一家人围坐桌旁听朱德讲地球仪、五大洲，或者甲午海战的时候。

　　"父亲、母亲，城里有很多新式学堂，科举废除了，我可以到新学堂学新学，将来一样有事做、有前途的。"朱德率先打破沉默。

　　"新学堂能有啥子事做？"父亲虽然极度失望，但听到有事做，便随口问道。

　　"席先生也希望我学新学。学新学不仅有前景，还可以兴邦救国。"

　　听到席先生的名字，父亲又沉默了。父亲不知道大巴山外的世界正经历着重大变革。

　　最终由席先生出面，朱德的家人终于同意他进入新学堂。

朱德先在顺庆府高等小学堂读书,半年后,考入顺庆府中学堂。

在顺庆府中学堂,朱德遇到了对他的革命生涯产生重要影响的老师张澜。当时张澜任顺庆府中学堂的校长,后来成为四川保路运动的领导人。新中国成立后,张澜曾任中央人民政府副主席等职。

张澜在课堂上讲授生物、物理等自然科学,但他给予朱德更多的是深刻的爱国爱民的思想和革命斗争精神。

"你们猜一猜,我们人类的祖先是什么?"有时,张澜先生会教授生物学的进化论。

"我们的国家已经到了最危难的时刻,我们要用我们的生命拯救我们的国

★张 澜

1949年9月,当选为中华人民共和国中央人民政府副主席。年轻时留学日本,日本的富强与教育事业的发达,深深地影响了他。回国后他办的新式学校,对四川教育的革新起了先锋作用,吸引了大量进步青年前往就学。

永远的丰碑

阅读拓展

★ **日本明治维新**

19世纪60年代受西方资本主义工业文明的冲击，以明治天皇为首的新政府进行了全面改革，使日本成为世界经济强国。但强大后的日本开始对外侵略，给邻国造成极重的灾难。

家。"更多时候，张澜先生会在课堂上振臂高呼。

朱德在后来的革命生涯中，常常想起张澜先生高昂的革命热情，张澜先生坚定的革命信念也一直激励着他越过雪山、走过草地……

顺庆府中学堂里，还有一位刘寿川先生。这位先生曾留学日本，并加入了同盟会。他不仅是朱德的老师，也是朱德的舅父。所以，朱德有机会到刘寿川先生的宿舍听他讲新学。

"日本明治维新让日本国力走向强盛，我们也应该多学习西方的科学技术，让我们从贫穷落后中走出来。"刘先生站在宿舍的窗边，像是对朱德说，也像是在自言自语。

刘先生说话的声音虽然不大，但很有力量。朱德非常喜欢听刘先生给他讲在日本留学时的见闻，他因此成为刘先生宿舍的常客。

刘寿川先生除了教自然科学，也很重视体育，常常教学生练习军事体操。

"你们要能文能武，才可以救中国。"这是刘先生喜欢说的一句话。

朱德爱听刘先生讲话，也爱体育运动，爱练习军事体操。后来朱德还做过一年的体育教员呢。

▲刘寿川

在顺庆府中学堂学习一年，朱德考入四川省武备学堂（在云南陆军讲武学校报名的时候，他正式改名为朱德）。后来，由于家人反对他习武，朱德又考入四川省城高等学堂的体育学堂。

体育学堂在成都，与顺庆府比起来，成都更加热闹。这里不仅有很多新

永远的丰碑

学堂，还有不少洋货；有现代的机器生产，也有手工制作；街上商铺林立，人声鼎沸。

在成都，朱德走进的不仅是一个繁华的都市，而且更进一步地靠近了先进的革命思想。

朱德在成都学堂接触到了《民报》（由同盟会创

办的刊物），这让他兴奋不已。因为在顺庆府学堂的时候，他就常听张澜先生和刘寿川先生讲起同盟会的事情，对于民主、共和思想早就很向往。他渴望一个新的世界，渴望推翻卖国无能的清政府。

有一次，朱德回到宿舍，发现枕头下面有一份《民报》，他迅速藏起来。然后躲到无人的地方迫不及待地看起来：中国者，中国人之中国也……驱除鞑虏，恢复中华……

报上的每一个字都吸引着朱德，让他感到热血沸腾。对，要把清政府赶下台，要把西方列强赶出中国，建立一个富强的新中国。

在新思想的浸润下，朱德已经完全成长为一个有远大抱负、有革命理想的健壮的青年人。

阅读拓展

★ 同盟会

全称为中国革命同盟会，是清朝末年由孙中山组织并领导的一个全国性的革命组织。曾在中国多处发动革命运动。同盟会的成立，大大推动了全国的资产阶级民主革命运动。

3. 军民情意深似海

1926年,朱德从苏联回到祖国,投身到大革命中去。1927年,朱德与周恩来、贺龙、叶挺、刘伯承等人领导了南昌起义,这是中国共产党第一次独立领导的武装斗争,标志着武装夺取政权的开始。

南昌起义之后,朱德带领起义队伍的一支转战于湘南一带。1928年4月,朱德率领部队到井冈山与毛泽东胜利会师,建设红色根据地。朱德担任中国工农红军第四军军长,毛泽东为党代表。

在井冈山根据地,流传着许多朱军长的故事,其中有一段说的是朱军长理发。

1928年11月,朱德和毛泽东率领红军攻打下一个县城以后,命令部队在附近休整。已经连续几个月行军作

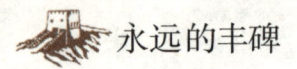
永远的丰碑

战,战士们的衣服鞋袜破了,头发也长了。因此,这次休整,朱德专门留出时间让大家处理个人事务。

几个战士走进了县城的理发店,理发的师傅正和客人聊天:

"朱军长来了,这下咱们百姓的日子就好过了。"

"可不是,你看人家红军休息的时候,还蹲在地上拿个树枝学习写字。"

"我家附近的几个红军还帮我们站岗呢,这回我可不怕敌人再来欺负我们了。"

几个红军战士一边听着他们聊天,一边排队等着理

点击历史

南昌起义 1927年8月1日,在中国共产党领导下,周恩来、贺龙、朱德等人,率领革命军在南昌举行武装起义,占领了南昌城。不久,革命军撤离南昌,南下广东,但在途中革命军遭到失败。朱德、陈毅率领南昌起义的部分队伍,转战湘南。南昌起义打响了武装反抗国民党反动统治的第一枪。

发。

理发店的客人们不知谁发现了站在队尾等着理发的红军战士。

大家都纷纷让战士们先理发。

"战士们刚打完胜仗,一定很辛苦,战士们先来吧。"

"就是,把敌人都打跑了,真不容易,快来吧。"

"在密林里与敌人激战三天三夜,把附近敌人的主力都消灭了,红军真了不起。"一位客人站在等候的最前头,他一边说着话,一边示意红军战士们到前边来。

红军战士们急忙摆手说:"大家都一样,还是要先来后到。"

大家正说着话,有人看到朱军长也走进理发店,便冲朱军长打招呼。

"朱军长,您也来理发?"

"是啊,头发胡子都快长到一起

阅读拓展

★ 红 军

1928年5月25日,中共中央颁布《军事工作大纲》,其中规定:"割据区域所建立之军队,可正式定名为红军,取消以前工农革命(军)的名义。"当时毛泽东、朱德领导的工农革命军第四军改称为红四军。

永远的丰碑

了,我也来扫荡一下它们。"朱军长指着头发说。

朱军长说完,大家都笑了起来。

"朱军长快进来坐。"

大家听到朱军长来了,赶紧请朱军长到店里坐。

朱军长温和地笑着说:"我等一等,不急。你们先来。"

等到朱军长理发时,他看到店主人穿着一身绸缎衣服,恭恭敬敬地站在他身旁,他就和店主人攀谈起来。

"到你的店里理发的客人这么多,看来你们这儿的师傅手艺很好嘛。"

"托朱军长的福,店里的生意还说得过去。"店主人小心翼翼地说。他接着告诉朱军长,他开理发店将近10年了,由于国民党巧取豪夺,苛税负担又很重,店里的生意只能勉强维持,红军来了,他的理发店生意才好起来。

朱军长听了店主人的一番话,沉吟了片刻,又看看在一旁生火做饭的理发店的小徒弟,一身破衣破裤,脸色很憔悴。

朱军长跟身边的店主人说:"我们大家都是穷苦百姓出身,红军跟敌人打

阅读拓展

★ 国民党

1912年8月11日,国民党在安庆会馆成立。二次革命失败,袁世凯下令解散国民党。1914年,流亡日本的孙中山组织成立中华革命党。1919年10月10日,孙中山改组中华革命党为中国国民党,以区别于原国民党。

仗，就是为了让穷苦百姓都过上好日子。你的理发店生意做得很好，也要多帮助多关心你身边的百姓，让他们也能过上好日子。"店主人因为刚刚听了朱军长虎口脱险的故事，非常敬佩朱军长，他连声说：

"您说得对，您说得对。"

理完发，朱德掏出一个银毫递给店主人。朱德对店主人说："这是理发、刮胡子的钱，请收好。"当时，一个银毫能换三四十个铜板，理一次发，十六个铜板就很体面了。

"这太多了！太多了！"店主人使劲推让，朱军长一再坚持。

店主人推托不过，手里拿着朱军长给的银毫，一直把朱军长送到门外，目送着朱军长远去。

店主人回到店里，对店里的客人说："这要是那些国民党军人，别说给钱，理不好，还要砸店呢。"

店主人被朱军长的品行深深打动了，这位店主人从此非常关心身边的穷苦朋友，给店里的小徒弟也添置了新衣新裤，还给红军捐赠了很多粮食。

朱德担任红军军长时，善于体察百

阅读拓展

★ 银毫铜板

货币单位。北洋机器局首先采用银圆的面值以元、角来表示，壹元以下辅币有五角、二角、一角、半角四等。银辅币又称银角、小洋或银毫。铜板是钱币的较小单位。

永远的丰碑

▲ 永新县城三湾公园里的革命历史浮雕

姓的疾苦,为百姓排忧解难。他不仅平易近人,从不摆军长的架子,还时刻关心着百姓的生活。

在永新县城时,有一位学徒曾帮朱军长理发。

那天,一位小学徒坐在理发店门口,看到一位身材魁梧的红军迎面向他走来,那位红军走近了,问道:"小伙计,你会剃头吗?"

小学徒上下打量了一下面前的这位红军,看他一身灰布军装,肩膀上还有两个大大的补丁,头发胡子乱蓬蓬的,心想这一定是一位伙夫,便爽快地回答:"我会剃头。"

"好,那你带上理发的箱子跟我来。"

小学徒带着箱子跟在后面来到一家商会,看到屋子里到处是枪,又听到一位战士跑进门来,叫"朱军长",那位伙夫模样的军人跟小战士说了几句什么,小战士就跑出去了。

小学徒这才得知面前这位被自己当作伙夫的军人竟然是朱军长,立刻紧张起来。

"您是,是——朱军长。"

朱军长和蔼地笑着说:"小伙计,我们开始理发吧。"

"我这手艺恐怕——"小伙计有些犹豫。

"不用怕,你大胆理好了。"

朱军长看小伙计有些紧张,就和他攀谈起来。

"我们红军,就是为穷苦百姓打天下的。我们队伍里的很多小战士,都和你差不多大,他们也都是从贫苦家庭里

阅读拓展

★ 长 征

二万五千里长征的简称,是第二次国内革命战争时期中国工农红军主力从长江南北各根据地向陕北革命根据地(亦称陕甘苏区)进行的战略大转移。1934年10月开始,1936年10月结束,历时两年,行程二万五千里。

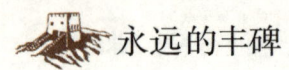 永远的丰碑

走出来的。"

听着朱军长亲切的话语,小伙计慢慢地放松下来,他拿出理发的工具,一边给朱军长理发,一边讲自己学徒生活的艰辛。

后来,这位小伙计经常给朱军长理发,他从朱军长那里,懂得了很多革命的道理。最后他毅然扛起枪,加入了红军,成为长征路上一位英勇的战士。

第二编

度量大如海，意志坚如钢

1. 远涉重洋寻真理

1922年的北京城,随着清王朝的覆灭早已失去了昔日富丽堂皇的景象,琉璃瓦屋顶上荒草丛生,更衬托出几分荒凉。古老的紫禁城里清朝的宣统皇帝还过着与外世隔绝的生活,旧式的官僚和军阀在这里玩弄政权,并且把中国待价而沽。经历了多年军阀混战的朱德不愿再陷入军阀战争的泥潭,他谢绝了孙中山的邀请,决定到欧洲去,去探求救国救民的道路。

9月初,朱德登上"安吉尔斯"号法国邮轮准备去法国。第一次换上西服,颇有些不自然,可以想见,穿惯了戎装和中式长衫的朱德,乍一换上洋人的衣装,在观念上也会悄然发生一些变化。

这次与朱德同船的还有孙炳文、房师亮、章伯钧、

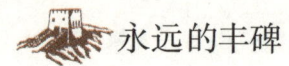
永远的丰碑

李景泌等10多人。孙炳文,早年毕业于京师大学堂预科,担任过《民国日报》的主笔,朱德驻军南溪时同孙炳文相识,两人一见如故,结为知己。他对于朱德的人生道路起了重要的推动作用,朱德怀念这位挚友时曾

说:"凡接近者均受其模范激励而有所整作。"同行的人当中大多来自四川,也有安徽、福建等省的,年龄不同,经历不同,社会、政治观点不同,去欧洲的目的也不同。这时,朱德已36岁,同行人中,他和孙炳文年龄最大。

▲20世纪初期的法国马赛港

经过40多天的海上航行,朱德最后到达目的地——法国马赛港。当天,朱德和他的同伴们就换乘火车来到巴黎。在巴黎停留期间,朱德和孙炳文寄居在一位中国商人的家中。那个商人年轻时就漂洋过海来到法国谋生,但他依然眷恋着自己的故土,一有空他就请朱德他们介绍国内发生的事情,有时,也把一些在巴黎的见闻说给朱德他们听。一次,他告诉朱德,一

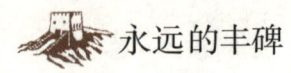

永远的丰碑

阅读拓展

★ 旅欧中国少年共产党

1922年6月,旅欧的中国先进青年周恩来、赵世炎、蔡和森等人,为了宣传马克思主义,在巴黎建立的共产主义青年组织,后改称为旅欧中国共产主义青年团。

些在法国留学的青年组织了一个叫共产党的团体,闹起了革命,听说这个组织的负责人叫周恩来,云云。说者无意,听者有心。朱德赶忙打听这些人在哪里。商人无法向他提供更多的情况,但答应帮他们继续打听,后来,那人告诉朱德,周恩来已经去了德国柏林,还把周恩来在柏林的地址告诉朱德。这一情况,使得朱德的心中又燃起了希望之火,他和孙炳文决定,立即乘车前往柏林。

这时,担任旅欧中国少年共产党中央执委会宣传委员的周恩来,正在柏林考察德国劳工运动状况,而他的主要工作是在留德学生中建立和发展共产主义组织。

在柏林瓦尔姆村皇家林荫路上,朱德和孙炳文找到了周恩来的住所。寒暄之后,谈话即转入正题。朱德向周恩来叙述了自己寻求革命道路的经历:他是如何弃教从军,参加辛亥革命、护国战争、护法战争，如何离开云南寻找共产党，又被陈独秀拒之门外……

周恩来细心地倾听着朱德的谈话，不时地在本子上记着。他被朱德不寻常的经历和执着的追求精神感动了。而后，他们就国内外形势、各种新思潮以及对共产主义的认识等问题，进行了详细的交谈，气氛十分融洽。周恩来向朱德和孙炳文表示，他愿意介绍他们加入中国共产党，在他们的入党申请还没有得到组织批准之前，可以接收他们为候补党员。后来在周恩来和张申府的介绍下，朱德和孙炳文被批准加入了中国共产党。同时，按照党的指示，仍以国民党的身份进行社会活动。在经历了

★陈独秀

新文化运动的倡导者之一，中国共产党早期的主要领导人。1920年在共产国际的帮助下，首先成立上海的共产党早期组织，发起成立中国共产党，成为主要创始人之一。

永远的丰碑

一番波折之后,朱德终于实现了自己梦寐以求的愿望。从此,他走上了新的革命旅程。

1923年,朱德和孙炳文来到哥廷根,德国中部莱茵河畔的一座小城。在这里,他们结识了哥廷根中国留德学生会会长魏嗣銮,在他的帮助下,一边学习德文,

一边学习马克思主义的基础理论。在阅读魏嗣銮送他的《共产主义ABC》（德文版）这本小册子时，朱德写下了密密麻麻的符号和注解，朋友开玩笑地说他"简直把这本书给吃掉了"。朱德在哥廷根的一项重要活动就是参加中共旅德支部哥廷根小组每星期三召开的学习讨论会，《共产党宣言》《社会主义从空想到科学的发展》《唯物史观》等著作成为他们的必读书，谈论的范围主要是一些理论问题和有关世界革命与中国革命的具体问题。通过学习和讨论，拓宽了他的政治视野，马克思列宁主义理论使他终于"找到了了解中国历史——过去和现在的一把钥匙"。

在德国的近3年时间里，朱德阅读了许多马克

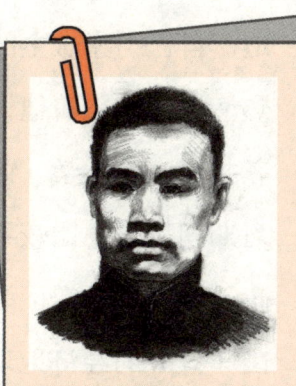

★孙炳文

无产阶级烈士，朱德的挚友。曾任《民国日报》总编辑，文笔犀利深刻，很受读者欢迎。1917年结识朱德，成为莫逆之交，1922年两人加入共产党。1927年因叛徒告密被捕并被杀害，时年42岁。

永远的丰碑

阅读拓展

★ 游击战

属非正规作战。以袭击为主，比正规作战更灵活、主动，具进攻性、流动性和速决性；常能以少胜多、以弱胜强。其宗旨是敌进我退，敌退我进，敌疲我打，敌逃我追。

思主义的著作，并且通过革命实践，思想上发生了根本的转变，使他由一个旧民主主义者转变为一个马克思主义者。

1925年，朱德接到中共旅莫支部执委会批准他前往苏联学习军事请求的通知，便立刻动身前往苏联。在列宁格勒停留期间，他和同伴们被邀请到工厂、机关、学校、集体农庄去参观、演讲，社会主义国家的人民在没有地主、官僚、资本家的压迫，自己当家做主的国度里生活的自豪和热情深深感染着他们。在莫斯科东方劳动者共产主义大学（此时又称东方大学）学习期间，朱德比较系统地学习了军事学、政治经济学、辩证法、自然科学，还有中国和世界的经济地理，对马克思主义又有了更深的体会和认识，同时，对中国的事情看得更清楚了。

几个月后，朱德便开始接受正规的军事训练。这个短期的军事训练班是中共旅莫支部为适应国内斗争的需要而设立的。参加军事训练班的都是在法国、比利时、德国等国学习的中国革命者,教官多是来自苏联、罗马尼亚、奥地利等国具有极高军事理论素养、经验丰富的职业革命军人。学习的主要内容是战略战术、战役战例、城市巷战、游击战的战术等。朱德由于有军人的经历和丰富的作战经验,因而担当学生队队长。

▲ 莫斯科红场

在学习中,同学们对教官使用的名词术语常有不理解的地方,朱德就帮助解释。课余时,他还教大家如何使用机关枪、迫击炮、手榴弹;讲解如何利用地形、地物,如何运用游击战术,消灭敌人,保存自己。朱德后来回忆说:"在莫斯科学习军事时,教官测验我,问我回国后怎样打仗,我回答,

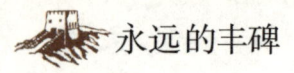

永远的丰碑

战法是,'打得赢就打,打不赢就走''必要时拖队伍上山',当时还受到批评。其实,这就是游击战争的思想。"

为了支持北伐战争,中共中央决定从苏联抽调一批军事、政治工作人员回国。听到消息的朱德心情十分激动,他积极地为回国做准备。当接到回国通知的时候,同志们利用出发前的时间,相约来到莫斯科红场,瞻仰了列宁墓,参观了克里姆林宫,浏览了莫斯科。此刻,朱德的心早已飞到了他魂牵梦萦的祖国,他多么希望能够马上投入到大革命的洪流中。

点击历史

北伐战争 辛亥革命失败后,北洋政府腐败无能,军阀割据。为推动广东革命势力向北发展,实现国家统一,1926年至1927年国共两党合作,由广东国民政府发动了反对北洋军阀的革命战争。北伐战争沉重地打击了帝国主义和北洋军阀在中国的统治,基本消灭了北洋军阀,为以后中国新民主主义革命的发展开辟了道路。

2. 只要红军胜利,区区一个朱德又何惜!

ZHIYAO HONGJUN SHENGLI,
QUQU YI GE ZHU DE YOU HEXI!

第四次"围剿"失败之后,蒋介石心急如焚,如坐针毡,但他绝不因此而罢休,他又积极准备第五次更大规模的"围剿"。这一次,他不仅向美、英、德、意等国大量借款,购买飞机、大炮等,并继续聘请许多外国军事顾问和专家,还亲自在庐山举办军官训练团,分期轮训军队中下级干部,还改革"进剿"部队的编制,制定"围剿"的战略战术和调集军队。

面对蒋介石发动的第五次"围剿",朱德心中早已有破敌之策。然而,他这个中革军委主席的权力却被架空了。中革军委的前线指挥权移至后方瑞金,完全执行由博古主持的中共中央局的指示。

中央苏区第五次反"围剿"的序幕一拉开,就出现

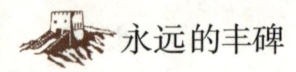
永远的丰碑

十分不利于红军的局面,朱德决定利用自己有限的指挥权,采用机动灵活的运动防御战略扭转战局,并取得反"围剿"的胜利。他开始动员部队,准备打到敌人的后方去。然而这时已经把毛泽东排挤出红军领导地位的由王明"左"倾路线统治的党中央,并不相信朱德,而是向共产国际驻中国代表团军事总顾问弗雷德提出派军事顾问到中央苏区的要求。于是,德共党员李德(原名奥托·布劳恩)受共产国际的委托,乔装成神父从上海来到中共根据地任军事顾问。他到中央苏区的当天晚上,博古就开会规定了他的工作范围是"主管军事战略、战役战术领导、训练以及部队和后勤的组织等问题"。此后,博

★博 古

原名秦邦宪,江苏无锡人。1925年年底加入中国共产党。1934年参加长征,1935年在遵义会议上被解除中共中央最高领导职务。1946年因飞机失事,在山西遇难。

古总是把一切军事问题都事先与李德讨论，征求他的意见，并把他的意见在军事委员会上发表。极端自信的李德，也喜欢在军事上包办独揽，把自己凌驾于党中央之上。于是，本来按共产国际规定只有建议权，而无决定权，更无指挥权，必须听命于中共中央的顾问李德，却变成了实际掌握红军指挥权，并包揽军委一切工作的"太上总司令"。

李德来到中央苏区后，朱德出于尊重和想向他学习的愿望，经常去他那里，向他讲述4次反"围剿"取得胜利的经验和以前红军作战的传统等。他告诉李德，面对敌军的"围剿"，红军不能搞"处处防守"，不能打阵地战死守。李德意识到朱德与他谈话的意愿，"显然是想用过去的经验去启发人们在今天第五次反'围剿'的条件下找到切实可行的解决办法"。然而，他对朱德讲的

阅读拓展

★ 围 剿

蒋介石为了包围并消灭红军，从1930年到1934年总共发动了5次军事"围剿"。前4次"围剿"均失败。但第五次"围剿"时因王明的"左"倾冒险主义的领导和极端错误的战略，致使红军反"围剿"失败。红军被迫长征，进行战略大转移。

这些东西，也只是听听而已，并不接受。这样一来，时间长了，朱德也就很少去李德那里了。

在博古、李德听不进正确建议的情况下，在前线的朱德和周恩来总是以革命大局为重，在不得不执行上级决策时，只能尽量将作战计划考虑得周到细致，力求使不可避免的损失减少到最低限度。他还主动利用一切机会给红军官兵上课，讲述红军正确的战略战术原则，希望通过这种方法提高部队战斗力，以求减少因指挥错误而带来的损失。

1934年4月初，蒋介石调集其主力部队向广昌正面围攻，寻找红军主力决战时，尽管红军总部对敌人这一战略企图已经侦明，但是，李德、博古硬要红军军团主力开赴广昌，贯彻坚守防御与"短促突击"的作战方针，坚守正面，死守广昌，同敌军打一场所谓"正规化"的阵地战。这一战役部署正是敌军求之不得的。李德提出这一建议，既没有征求朱德和各军团首长的意见，也没有在中革军委进行讨论。为了直接指挥这一战役，经博古同意设立北线总指挥部，博古、李德、张闻天、顾作霖、刘伯承等率领军委作战班子，赴广昌前线指挥，并要朱德一同赴前线。李德来到前线后,习惯先在地图上作业,把每个碉堡、掩体阵地修在什么地方,都在地图上用红笔一一标号,然后要作战参谋去检查督促落实,丝毫不给下面指挥员选择有利地形构筑工事的权力。对

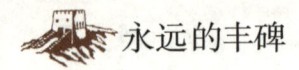
永远的丰碑

此,朱德表达了自己的不满,并建议李德采取前几次"围剿"的战术。他对李德说:"不给各军团、师首长任何机动灵活的权力,仅靠图上作业指挥,是要吃败仗的。我们过去粉碎敌人几次'围剿'的战术,靠的就是集中兵力,灵活机动,不死守城池而取胜的。"可是,他的正确意见并没有被"左"倾路线领导者采纳。结果,红军被动挨打,遭受重大损失,广昌战役失利。

由于博古、李德的军事指挥错误,尽管中央红军官兵英勇作战,仍然阻挡不住敌军的进攻,中央红军第五次反"围剿"完全失败,被迫实行战略大转移——长征。

1935年,挽救中国革命和中国共产党

★刘伯承

中华人民共和国元帅,中国人民解放军的创始人和领导人,现代军事家。1911年参加革命,组织过泸顺起义、南昌起义,先后任过中央红军总参谋长、中央军委副主席等职。

的遵义会议在长征途中召开了。博古总结了第五次反"围剿"的经验教训。虽然他看出了当时的形势,对军事错误做了一定的检讨,但是,他着重强调的却是许

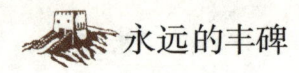
永远的丰碑

多客观原因,为临时中央和自己的错误辩护和解释。接着,周恩来也在报告中就军事指挥的错误进行自我批评,主动承担了责任。稍后,毛泽东做重要发言,他提出当前首先要解决军事问题,并尖锐地批评李德的错误军事指挥、批驳博古的辩护。毛泽东的发言反映了大家的共同想法和正确意见,得到了绝大多数与会者的热烈拥护,王稼祥、张闻天、朱德、李富春、聂荣臻、彭德怀等都支持毛泽东的意见。

点击历史

遵义会议 中共中央重要会议。举世闻名的遵义会议,是中国共产党和红军的历史上一个生死存亡的转折点。1935年1月,在贵州遵义举行。这次会议,确立了毛泽东在红军和中共中央的领导地位,结束了"左"倾教条主义错误在中央的统治。会议在危难关头,挽救了红军,挽救了党,挽救了中国革命,使中国革命从挫折走向胜利。

朱德历来谦逊、稳重，这次发言时，却声色俱厉地追究临时中央领导的错误，谴责他们排斥毛泽东同志，依靠外国人李德，结果丢掉根据地，导致许多人牺牲！他说：

★聂荣臻

人民解放军创始人，军事家，中华人民共和国元帅。1923年加入中国共产党。参加过南昌起义，率部参加了长征。在数十年的军事生涯中为中国革命战争，军队的正规化、现代化建设做出了卓越的贡献。

"如果继续这样的领导，我们就不能再跟着走下去。"

这次会议使毛泽东能够重新回到党和红军的主要领导地位上。为了使毛泽东能在军事指挥上充分发挥其智慧，朱德还有意请毛泽东在指挥战斗时唱主角，自己则到战斗的最前线去督战。一开始，毛泽东表示不同意，朱德着急地说："得嘞，老伙计，不要光考虑我个人的安全。只要红军胜利，区区一个朱德又何惜？敌人的枪是打不中朱德的！"

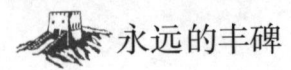
永远的丰碑

就这样,朱德又回到了枪林弹雨的前线,冒着敌人的炮火,既当指挥员又当战斗员,紧紧随着部队前进,前进……

3. 朱毛不可分

1928年4月，经历了艰苦卓绝的战斗，朱德率领南昌起义军余部和湘南农军上井冈山，与毛泽东率领的秋收起义部队会师。朱德和毛泽东两双有力的大手紧紧地握在了一起，使劲地摇动着对方的手臂，那么热烈，那么深情。就在朱德和毛泽东见面后不久，中国工农红军的第一支武装力量——工农革命军第四军（后改称为工农红军第四军）在井冈山成立了。朱德任军长，毛泽东任党代表。从此，在江西赣水，在华夏大地，流传着一个响亮的名字，它就是"朱毛红军"。

朱德和毛泽东都是农民的儿子，他们对农村的情况了如指掌，乡村生活的熏陶在他们身上留下了深刻的烙印。尽管他们很早就离开了处于封闭状态的乡村，步入

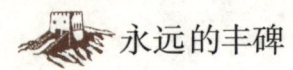
永远的丰碑

了一个更广阔的社会,却依然保持着农民质朴、爽直和勤奋的秉性。但不同的家庭环境对他们所产生的影响不同,两个人性格迥异。朱德生长在一个10多口人的三代同堂的大家庭中,祖母掌管着全家的开支、生计,家务均由母亲和她的妯娌们承担。在这种环境下,朱德受母

亲的影响最深，母亲的宽厚、善良、忍耐的人格潜移默化地融入他的血肉之躯。而毛泽东则生活在一个由父亲掌管经济大权的家庭中，父亲的严厉管教，使毛泽东形成了一种强烈的反抗精神，他在少年时代常常做出"忤逆不孝"的举动。在他后来的革命生涯里，这种反抗的意识体现得十分明显。

★罗荣桓

中国人民解放军创建人和领导者，军事家，中华人民共和国元帅。1927年加入中国共产党，参加秋收起义。上过井冈山，经历过长征。抗战胜利后率军创建东北革命根据地，参与指挥了辽沈战役。为我军的政治工作建设献出了毕生的精力。

红军初创，如何建立一支新型的无产阶级军队还处在探索的阶段，朱德和毛泽东在军队建设问题上，也都有着各自独到的见解。实践中，红军将领深切地感到红四军既离不开朱德，更离不开毛泽东。在红四军的党代表会议上，当罗荣桓等提出希望在闽西上杭养病的毛泽东回部队工作的意见时，朱德爽朗地说："我同意把老

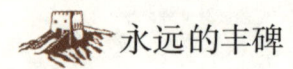

永远的丰碑

毛请回来,人家都说朱毛红军,朱离不开毛,朱离开了毛过不了冬!"大家都会意地笑了。

在中国革命的进程中,朱德与毛泽东的合作持续了48年。"朱毛"的旗帜已成为革命者的共识。即使是朱德和毛泽东也把"朱毛"作为一种团结的象征。1935年6月,朱德和毛泽东率领红一方面军与张国焘率领的红四方面军在长征途中会师,共同北上。可是,张国焘出于个人的政治野心,提出掌握红军领导权的问题。周恩来顾全大局,让出红军总政委一职由张国焘担任,但是张国焘仍不甘心,还要夺取党的领导权。当红军进到川甘边界时,他借口无法过河,企图使部队回转南下,并且密电红四方

★张国焘

1920年10月,参加北京的共产党早期组织。1923年6月在中共三大上,反对共产党员加入国民党以建立革命统一战线的正确方针。1938年4月初,他趁祭黄帝陵之机逃出陕甘宁边区,投靠国民党。晚年逝世于加拿大。

面军领导人陈昌浩，要"南下彻底开展党内斗争"。在这危急时刻，毛泽东毅然决然地率领红一方面军继续北上。张国焘一计不成，便公开提出成立"第二中央"，并且要求与红四方面军一起行军的朱德发表声明，反对所谓毛泽东的"右倾逃跑主义路线"。朱德面对张国焘的威逼利诱，毫不退让，他明确表示："朱毛、朱毛，人家都把朱毛当作一个人，朱怎么能反对毛呢？你们可以把我劈成两半，但是割不断我与毛泽东的关系。"事后，毛泽东得知此事，深受感动，称赞朱德"度量大如海，意志坚如钢"。

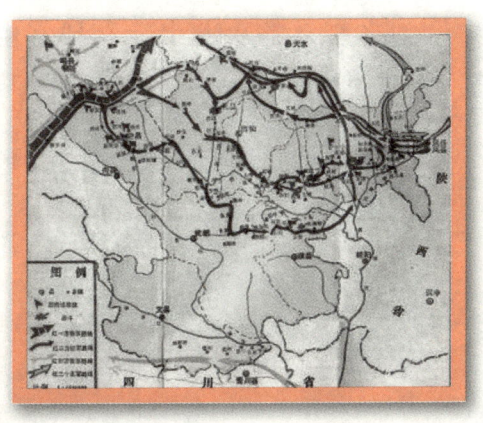

▲红军主力向川甘边界行动

朱德和毛泽东在中国革命的历史进程中结下了深厚的友情，不仅反映在共

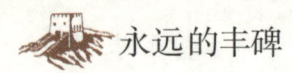 永远的丰碑

同为之奋斗的事业上,在日常生活中也可以充分地体现出来。他们既是战友同志,又是朋友知己。

　　解放战争时期,频繁的战事使党中央领导人常常通宵达旦地工作,十分紧张。年过花甲的朱德在领导人中

的岁数最大，考虑到他的身体，毛泽东建议，在深夜召开会议时朱德可以自由参加。这一提议立即得到周恩来、刘少奇、任弼时等几位领导人的赞同和支持。1947年春，朱德和刘少奇受中央委托从延安抵达河北阜平县的城南庄，组成中央工作委员会，指导华北地区的军事、土改工作。这年秋季，冀中行署的同志给朱德送来了面粉和红枣，朱德特别嘱咐这些同志说，毛主席等领导人在延安指挥全国的解放战争，工作很辛苦，请你们把面粉和红枣分成几份给他们送去，表示我们冀中的同志对毛主席的问候。此刻，虽然朱德和毛泽东相隔千里，仍然时常惦记着自己的老战友。

▲阜平县

▲保定市阜平县城南庄晋察冀军区

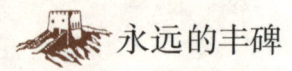

永远的丰碑

阅读拓展

★ 中山装

是以孙中山命名的男服。他设计的一种直翻领，上身左右各有两个带盖口袋的服装。很多著名人物都常穿中山装；如今中国领导人在出席重大活动时，依旧穿中山装。

在"文化大革命"那段阴霾笼罩的日子里，林彪、江青一伙公开污蔑、攻击朱德，甚至恬不知耻地把井冈山朱毛会师篡改为毛林会师。在揪斗朱德的风潮里，毛泽东在一次会议上表示"朱德还是要保的"。对中南海贴出的污蔑朱德的大字报，毛泽东说："这很不好，朱毛朱毛，朱德和毛泽东是分不开的嘛。"

1973年12月21日，中央军委会议在毛泽东的住所召开。多年来，由毛泽东召集的一些重要会议经常在他的住所举行。这天，朱德身穿深色的中山装，手拄拐杖，从郊区的住所赶来参加会议。自从祸国殃民的野心家林彪叛国出逃，摔死在蒙古温都尔汗以后，朱德的心情舒畅了许多。

朱德一迈进会议室的房门，便看到了许久没有见面的老战友毛泽东，未等毛泽东起身，他已经走到毛泽东的近前。毛泽东拍着身边的沙发请他挨着坐下，而后动情地问："红司令，你可好吗？"朱德高兴地回答说："很好，很好。"说话时，两位老战友的手紧紧地握在了一起。

坐定后，毛泽东习惯地拿起一只雪茄，点燃后吸了一口，随即轻轻地吐出一缕缕青烟，他环顾着与会的其他领导人，又扭转头对朱德说："有人讲你是'黑司令'，我不高兴，我说是红司令，红司令！"接着，他又笑了笑，风趣地说："没有朱，哪有毛，朱毛朱毛，朱在毛先嘛！"

1976年7月6日，朱德逝世，毛泽东因此再次陷入极度的痛苦之中。这时，毛泽东因心肌梗塞发作，刚刚从垂危中被抢救过来。听到这一噩耗，躺在病榻上的毛泽东用微弱、低哑的声音问道："朱老总得的什么病，怎么这么快就……"随后，他又嘱咐当时主持中央工作的华国锋一定要料理好朱德的后事。

第三编

运筹于帷幄之中，决胜于千里之外

1. 护国战争建奇功

辛亥革命推翻了清朝政府和统治中国几千年的君主专制制度,创立了中华民国。然而,旧势力的政治代表袁世凯公开篡夺革命胜利果实,他对外接受日本帝国主义提出的企图灭亡中国的"二十一条",对内公然准备恢复帝制。中国的命运再一次处在危急之中。

此时的朱德正在滇南与匪徒作战,听到消息的朱德震惊万分。他愤怒地写下了这样的诗句,斥责袁世凯:"言犹在耳成虚誓,老不悲秋亦厚颜。"他"倾心为国志无违"的决心丝毫没有减退。他盼望新的斗争风暴迅速到来。

1915年12月19日,蔡锷机智地摆脱袁世凯对他的严密监视,几经周折秘密地从北京回到昆明。蔡锷是云南

永远的丰碑

★袁世凯

近代史上颇具争议的风云人物，北洋军阀统帅。早年为官时参与镇压维新派。辛亥革命爆发时他联合革命势力逼清帝退位，当选中华民国临时大总统。后自称皇帝，要恢复帝制。1916年被逼下台，同年6月病逝。

新军的总将军，在云南有着极高的威望。他性格冷静持重，处事深思熟虑，对袁世凯的倒行逆施早已深恶痛绝。蔡锷到云南后，秘密派人给分驻各地的滇军将领们送去亲笔信，介绍全国反袁斗争的形势，要他们积极做好准备，率部于12月25日和昆明的同志同时起义，然后开往昆明待命出师。

12月25日凌晨，朱德等遵照蔡锷的嘱咐，如期率领部队逐走反动军官，举行讨袁誓师大会。起义后，朱德立即率领部队开往昆明。这时，为了北上讨袁，护国军需要迅速扩军，朱德被改任滇军补充队第四队队长，负责训练新兵，后又被委任为滇军步兵第十团团长，所部编入护国军第一军,为第三梯团第六支队,任队长。第六支队的任务是出兵四川,然后进攻武汉。

护国军兵分三路挥师北上,第一军纵队先头部队经过贵州抵达纳溪,与早已在四川起义的刘存厚的川军两营渡过长江准备会攻泸州。泸州是从云南入川的必经之道,又是重庆的主要门户。袁世凯派4个师的部队向泸州支援。但是由于双方兵力悬殊,护国军损失惨重。蓝田坝、月亮岩等要地相继失守,被迫向纳溪后撤。

护国军随即在纳溪城东的棉花坡一带高地顽强地阻击北洋军,双方展开激烈的争夺战。由于形势危急,蔡锷命令第三梯团火速增援。朱德所在的第三梯团,由于"军队分驻地相距辽远,交通复极不便,动员集中,极为濡滞"。为了尽快赶到前线,朱德率领第六支队,以每日八九十里甚至一百里的速度赶往前方。这支部队是朱德在云南时带出来的,士兵们经历过与顽匪的无数次战斗,勇敢顽强。尽管部队损失很大,但是战斗锐气不减。他整编好部队,并且宣布了战场纪律:不畏死,勇敢冲锋。士兵退,班长杀;班长退,排长杀;排长退,连长杀;连长退,营长杀;营长退,团长杀;团长退,

永远的丰碑

▲ 纳溪城

全军杀。接着,部队在朱德的带领下,投入到保卫纳溪的战斗中。

纳溪城,是南入泸州、北下川南的咽喉要地,双方争夺得十分激烈。由于双方兵力对比悬殊,护国军准备休整再战。

2月的夜晚,寒气袭人。朱德为战场的形势所困扰,没有丝毫睡意。他思索着如何取得这次战斗的胜利……第二天,他召集各营连军官,向他们宣布了组织敢死队突袭敌军阵地的计划,并且布置了各营连的具体战斗任务。

数百名官兵聚集在营地上,等待着支队长朱德向他们下达命令。朱德环视着衣衫单薄的士兵们,高声说道:"我们为保卫共和而战，生为共和的人，死为共和的鬼。不推翻袁贼，我朱德死不瞑目。"官兵们听罢十分感动，纷纷表示要奋勇冲锋，顽强战斗。接着，朱德挑选了一批敢死队队员跟随他一起行动。当晚，朱德就带领数十名敢死队队员趁着天黑，进入敌军阵地前的开阔地带潜伏起来。

拂晓，随着总攻信号的发出，朱德率领敢死队队员突然插入敌军阵营，与敌人展开了白刃战。猝不及防的北洋兵面对突如其来的袭击惊慌失措，四处逃窜。敢死队队员们越杀越勇，待到后续部队赶来，他们尾随着一面绣有"朱"字的三角形大旗，接连攻破敌军的几处阵地，终于取得战斗的胜利。这一仗，使朱德赢得了勇敢善战、忠贞不渝的声誉。在当地的老百姓中流传起"黄柜盖，廖毛瑟，金朱支队惹不起"的佳

阅读拓展

★ 北洋军

甲午战争失败后，清朝组建了一支新式陆军。袁世凯任北洋大臣时接管此队伍，故称北洋军。清朝灭亡后，他们依附帝国主义，成为镇压革命的工具，北伐战争时革命军将其消灭。

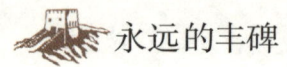
永远的丰碑

话。

然而，失利的北洋军又重新集结兵力，向护国军阵地疯狂地反扑过来，形势依然十分严峻。在激战中，朱

德每天只能睡上四五个小时，他与士兵们同餐共宿，并肩作战。但是，后方的饷弹始终未能运到，致使官兵们"衣不遮体，食无宿粮"。护国军不得不全线撤退，准备再战。朱德哪里知道，坐守昆明的唐继尧，当初对颇孚人望的蔡锷返回云南就心怀不快。蔡锷领衔出师，正中其下怀，出于个人目的，唐继尧并不愿意向入川作战的护国军提供充足的后勤支援。

军事会议上，蔡锷强打精神，拖着嘶哑的嗓音说着："……目前局势十分严峻，敌众我寡，敌强我弱，后援何时能到，尚无期日，所以，此役关系重大。短兵相接勇者胜，唯有取胜，方能完成护国讨袁之重任。"

总攻开始后，护国军从大洲驿一线向纳溪一线的守敌展开了反击。经过数日激战，朱德率领的第六支队不断突破敌军防线，相继攻克三块石、龙车山、观音榜等处，直抵蓝田坝附近的南寿山下。

在作战中，鉴于敌强我弱的态势，朱德很注重战术的运用，经常以少数兵力吸引敌军主力，而以主力攻击敌之侧背，使敌军防不胜防。同时，他的部队还得到了当地百姓的支援。他后来回忆说："在这次推翻帝制的

永远的丰碑

战争中,我们第一次在农民中展开群众工作。在哥老会领导下,农民武装起来,攻击敌人运输队,他们把粮食和弹药转运给我们。"有一次,牧童们跑来向朱德报告

说,他们知道敌军的炮兵阵地在什么地方。朱德便派一支突击队随牧童迂回至敌炮兵阵地隐蔽起来,约定放火为号,当战斗激烈进行时,突击队出其不意向敌炮兵阵地猛攻,而后放起火来。朱德见浓烟上腾,知道奇袭成功,随即命令部队发起冲锋。顿时,号角声、喊杀声震撼着山野。敌军腹背受攻,又遭到第六支队炮火的猛烈射击,阵脚大乱,夺路溃逃。

纳溪战役历时40多天,护国军在绵延数百里的战线上,重创北洋军。袁世凯众叛亲离,内外交困,被迫宣布取消帝制,后来在忧愤中一命归天。这场以少胜多、以弱胜强的战役,对推翻帝制、再造共和立下了巨大的功绩,其意义不亚于辛亥革命,朱德护国神军的威名也远扬天下。

2. "在华北捅了一个马蜂窝"

"ZAI HUABEI TONG LE YI GE MAFENGWO"

一封封签署着八路军总司令朱德的名字、指挥各根据地作战的电报在华北上空穿行……

20世纪40年代初的夏天,朱德从前线回到红色大本营延安,回到统管中共全局的领导岗位上。

朱德回到延安不久,就专门向中央汇报了华北军事状况及对下一步的形势分析。在此间的一系列汇报中,朱德不止一次地谈及"交通对于现代化的军队,是一个决定胜负的要素",并下决心打击日军所依赖的交通干线。

对于战争的考虑,朱德始终保持着他敏锐的见地。

日军从北到南的会战结束,他就预感到相持阶段的到来。1940年6月,他在《新中华报》上发表了题为《为

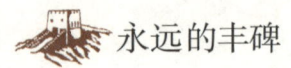永远的丰碑

争取抗战最后胜利而奋斗》的文章：

"日寇速战速决的企图早已失败了，于是日寇便想用'以华制华'的方法，引诱中国上层地主阶级和资产阶级投降来奴役我全中华民族；用'以战养战'的方

法，将战争的负担放在中国人民身上，来达到灭亡中国之目的……"

不出朱德所料，日军经过几次会战，战线拉长，战争陷入僵局。此时，日军急于迅速处理"中国问题"，以迅速摧毁中国军民继续抗战的意志，决计加强对中国的军事压力。

战后，从缴获的日军报告中可见，他们把深入敌后坚持抗战的八路军、新四军和各抗日根据地视为心腹大患，制定了"以铁路为柱，公路为链，碉堡为锁"的"囚笼政策"，竭力推行"治安强化"，以扼杀抗日根据地。

"交通。断其链，破其锁，文章在交通上！"

在出太行之前，朱德同彭德怀就为此费过一番心思，他说："交通并非不可变的，可以修理，亦可以破坏和阻塞。因此，我军对敌人的交通，要经常

阅读拓展

★ **新四军**

全称国民革命军陆军新编第四军，成立于1937年，叶挺为军长。新四军组建后英勇战斗，在抗日前线屡建奇功，在我党我军的历史上创建了光辉的业绩。皖南事变爆发，新四军遭受重创，叶挺被扣，项英遇害。同年由中国共产党组织重建。

永远的丰碑

★ **彭德怀**

中国人民解放军创建人和领导者，军事家，共和国元帅。1928年4月参加共产党，组织了平江起义，率部上了井冈山。新中国成立后任中央军委副主席，国防部部长。他为中国革命以及国家和军队的建设贡献了毕生的精力。

进行破坏，使敌人交通由最便利变为最不便利。"

彭德怀赞成这个意见，也主张"砸他个稀巴烂"。

临分别时，朱德与彭德怀仔细分析了日军的交通命脉。

灯光下，他那粗壮的手指在地图上平绥和同蒲铁路上划过："这里现在通不了！"

再看石家庄到德州的铁路，中间也是条虚线。

"也通不了！"彭德怀说。

当他们把山西和河北的正太铁路纳入眼帘时，两人都摘下了老花镜。他们找到了日军的交通命脉。

"就在这条铁路沿线下手，基本是以断其交通为目的。"朱德下定了决心。

朱德同彭德怀决定了这一切,同时电告毛泽东等人,一旦时机成熟,马上拉开整个战役。这就是后来的"百团大战"。

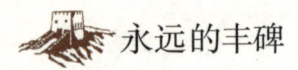 永远的丰碑

8月,正太铁路沿线薄雾泛起,雨季来临,日军对晋察冀、晋西北及晋东南的"扫荡"较为缓和。朱德电告八路军总部开始组织此次战役。

朱德在后方策划,彭德怀在前线调兵遣将。

"直接参加正太铁路作战之总兵力不少于22个团。"并要求在8月10日前完成各项准备工作。

八路军总部与延安保持着热线联系。

8月8日,朱德、彭德怀和左权正式下达《战役行动命令》,对战役部署和作战地域区分做出具体规定,并号令全线:"限8月20日开始战斗!"

命令卷起狂风,8月20日晚,正太铁路沿线沸腾了。

扒铁路。八

★左权

是八路军在抗日战场上牺牲的最高指挥官。1942年5月,日军发动五一大扫荡,任八路军副参谋长的左权阵亡,年仅37岁。朱德赞誉他是"中国军事界不可多得的人才"。

路军各正规部队担负警戒,武工队、游击队和各地老百姓势如破竹般地翻起和拆毁了大段大段的铁路。

▲百团大战

毁公路。男女老少齐上阵,断、毁、破,连接铁路线的主要公路干道一夜之间天翻地覆。

打碉堡。正规部队和地方部队一同行动,一个一个地围攻,一片一片地收复,把日伪军赶出乡镇,赶出县城……

这是八路军大规模的出击。多少年后,当彭德怀在延安,在庐山因百团大战遭到错误批判时,耿直的彭德怀始终有一句保护朱总司令的话:"命令都是报中央军委的!"

的确,每一道电命都是中央军委同

▲百团大战纪念碑

八路军总部联合下达的。那几天,朱德就守在军委作战室,在千里之外,及时指挥着这场战役。

战役之初,八路军总部规定参战兵力不少于22个团。但战役开始后,八路军指挥员和根据地民众对日军的"囚笼政策"痛恨至极,参加破袭战的积极性极高。战役开始一天后的22日中午,实际参战兵力已超过100个团。

朱德获此消息十分兴奋。他当即同左权做出指示:"正太战役是抗战以来华北军队积极向敌进攻之空前大战,总合兵力共约百个团,故名'百团大战',以便向外扩大宣传!"

至此,"百团大战"不胫而走。

"百团大战"确如朱德所指出的那样,是抗战以来华北战场上空前未有而主动积极向日军进攻的大会战。由于此役的突然性,加之八路军各部之间和军民之间紧

密配合，给日军以出乎意料的打击。八路军一度攻占日军坚固设防的娘子关。

此役进行了3个月。朱德与彭德怀、左权始终把握着战机。当日军开始准备反扑后，方下令基本结束，集结各部队开始整训和反击敌人报复。

"百团大战"消灭日伪军3万余人，一度收复了四五十个县城，致使正太、平汉铁路瘫痪一个多月。战绩是辉煌的，而更大的战果还在于提高了华北人民群众敌后抗战的信心，也显示了八路军和人民坚持抗战的决心。

10月的延安，毛泽东拿着"百团大战"的战报，高兴地称朱德下了一着好棋，在华北捅了一个马蜂窝。

历史的车轮滚滚向前，铁骑踏过，硝烟弥漫，人们依然不能忘怀的是这场朱德同八路军总部负责人共同组织和发起的为民族利益而战的"百团大战"。

3. 大决战，大辉煌

DA JUEZHAN, DA HUIHUANG

　　1945年8月，苦难的中国人民终于迎来了抗日战争的胜利，但是人们还来不及享受和平和安宁，国民党反动派就公然倒行逆施，悍然发起了内战，疯狂进攻解放区，大肆杀害民主爱国人士。为了推翻国民党的反动统治，中国革命进入了解放全中国劳苦大众的最后战役。代表中国人民利益的中国共产党领导中国人民解放军与国民党军队展开了殊死搏斗。中国共产党的领袖们谱写了一部威武雄壮、波澜壮阔的解放战争乐章。在这部恢宏的乐章中，朱德总司令充分展现了卓越的军事指挥才能，展现了他的深谋远虑、他的雄才伟略，他为解放战争的全面胜利做出了巨大的贡献。

　　伟大的解放战争进行到1947年7月，人民解放军由最

永远的丰碑

阅读拓展

★ **解放战争**

也称第三次国内革命战争,是1945年8月至1949年9月中国人民解放军在中国共产党的领导和广大人民群众的支援下,为推翻国民党统治、解放全中国而进行的战争。

初的战略防御成功转入战略进攻阶段。然而这时有一个最紧迫、最棘手的课题摆在人民解放军面前:能否一次攻克守备达10万以上敌人的大城市,能否一次歼灭增援达10万人以上的兵团。难题一旦破解,人民解放军将势如破竹一举击溃敌人。作为人民解放军的最高统帅,朱德总司令对战局、战况了然于胸。早在人民解放军开始转入战略进攻的初期,朱德就以军事家的敏锐观察力,着手解决攻坚战这一重要的军事课题。

石家庄战役就是在他的亲自筹划和指导下取得胜利的城市攻坚战典型战例。

1947年10月,中共中央下达进攻石家庄的命令。石家庄有国民党数万重兵把守,从市郊到市中心,设置三道防御阵地,大小碉堡6000多个,装甲车环绕城市昼夜巡逻。如果没有正确的战略战

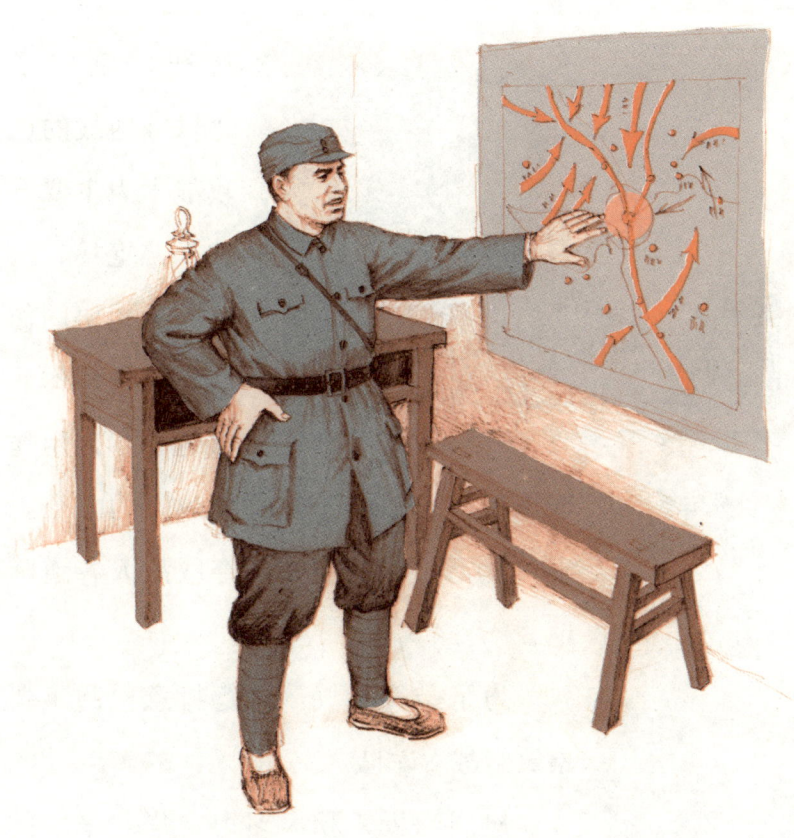

术,我军很难取得胜利。而攻克石家庄对我军有非同寻常的意义,因为这是解放军历史上首次攻打国民党军队坚固设防的大城市的战役,也是坚定全军必胜信念的关键之战。

朱德总司令对此战役十分重视,他亲临华北前线,进行战斗动员和攻坚准备。针对石家庄坚固的防御工事

永远的丰碑

▲ 石家庄解放纪念碑

特征,确定了"以阵地战的进攻战术为主要方法",炮兵、工兵、步兵协同作战,以坑道作业接近碉堡,用炸药爆破,辅以炮击,摧毁敌人的各个工事,然后以步兵突击,夺取敌人各道阵地。

为了鼓舞士气,朱德特意检阅了晋察冀野战军军队。

检阅当天,秋风习习,华北平原的天气,似乎因为这位伟人的到来显得格外晴朗。明媚的秋光洒在华北辽阔的大地上,它并不知道这里即将迎来一场艰苦的攻坚战。当然,它也一定明白,胜利是属于这批钢铁战士的,它那明媚的阳光便预示着这一切。

朱德不顾几乎通宵研究作战计划的辛劳，检阅队伍时精神饱满，容光焕发。

受阅部队的指战员们精神抖擞，那一排排大炮，一队队战马也整齐地排列着，接受检阅。

朱总司令对炮兵指挥员说："野战军有炮兵，很好。你们要用炮火打开城市的缺口，掩护步兵冲进城内作战。"

"你们要很好地掌握射击技术，等到将来胜利了，我们还要改进装备，不断发展壮大我们的炮兵。"朱德鼓励将士们做好战前准备，英勇杀敌。

受阅的将士们受到朱总司令的鼓舞，士气高昂，斗志冲天。

攻打石家庄的战役开始了。这一仗打得很艰苦，但战士们毫不退却。炮兵集中火力炮轰敌人的碉堡，炸开一个缺口，步兵战士们乘机攻进城去，和敌人

阅读拓展

★ **碉堡**

军事上的防御建筑。多使用砖、石、钢筋混凝土等建成，完全或部分埋在地下以防御炮火，并作为自卫基地。

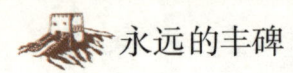

永远的丰碑

展开了巷战。经过6个昼夜的激战，解放军最终攻克了石家庄。

朱德听到胜利的消息，并没有完全沉浸在胜利的喜悦中，而是立即下达命令，要求占领石家庄的解放军严格遵守军队纪律，不损害城市的重要设施，不准伤害群众。

"我们不仅能打下石家庄，也要治理好石家庄。"朱德语重心长地对指战员们说。

石家庄攻坚战的胜利，"开创了攻克坚固设防城市的先例"，为人民解放军攻打防御坚固的大中城市提供了宝贵的作战经验。而朱德总司令结合作战实践经验，不断探索攻坚战的战术，加以完善。

1948年5月24日，东北野战军发起长春外围作战，歼敌6000人，但由于部队对大城市攻坚作战，在战术、技术方面

阅读拓展

★ **东北野战军**

即中国人民解放军第四野战军，是解放战争时期我军的主力部队之一。它由抗日战争转入大反攻后进军东北的八路军、新四军主力各一部以及东北抗日联军逐步发展而来。

均不完善，故自己也伤亡惨重，伤亡人数约2000人。因此东北野战军领导人认为，夺取长春这样设防坚固的大城市条件不成熟。正值关键时刻，刚刚返回中央驻地的朱德，征尘未洗，又把注意力转向东北战场，转向了长

永远的丰碑

阅读拓展

★ 锦州攻坚战

攻坚战指攻打敌人坚固防御的城市、阵地或堡垒等。该战役指1948年10月在辽沈战役第一阶段中,解放军东北野战军2天内迅速击溃辽宁省锦州的国民党军的战役。

春战役。

朱德得到战报之后,认真研究了长春战役的情况,他立刻写信给毛泽东,认为"长春还是可能打下的条件多"。他仔细地逐条分析了可能攻下长春的条件,而且还提出了两个夺取长春的攻城方案。

朱德的攻城方案受到毛泽东的高度重视,也为东北野战军领导人重新制订长春作战方案打开了思路。东北野战军领导人在反复衡量后,决定对长春采取围城打援,然后攻城的办法,即采用朱德提出的第二种攻城方案。后来,由于全国和东北战局发展变化,东北野战军放弃了长春攻坚战的计划,积极准备进行锦州攻坚战。中央军委原打算通过长春攻坚战取得突破带决战性的攻坚战这一关的经验,则由华东野战军在济南攻坚战中首先实现了。尽管如此,朱德对长春攻坚战的战略构想和具体指导,在我军攻坚战的实践中,留下了一笔珍贵的历史记录,他的业绩,他的英明,将连同三大战役这一中国革命战争史上最辉煌的篇章永垂史册。

第四编

天若有情天亦老

1. 我永远怀念她——我的母亲
WO YONGYUAN HUAINIAN TA
——WO DE MUQIN

1944年2月15日,朱德86岁高龄的老母亲在川北一个偏僻的乡村怀着对儿子无尽的思念飘然离世。

消息传到延安后,朱德这位戎马一生的八路军总司令禁不住潸然泪下。此时纵有千山万水也阻挡不了朱德对母亲沉痛的哀思和深沉的情意。而母亲离世前,朱德未能侍奉左右,未能送母亲最后一程,成为朱德一生中最大的遗憾。

朱德说:"母亲是一个平凡的人,她只是中国千百万劳动人民中的一员,但是,正是这千百万人创造了和创造着中国历史。"

朱德的母亲是伟大的,她为中国人民培养了一位伟大的儿子。她给予朱德一个强健的体魄,一颗质朴的

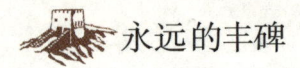

心,以及坚强的革命意志。

朱德的母亲生于1858年,姓钟。祖上是四处漂泊、卖艺为生的艺人,父辈在四川仪陇定居后,仍然靠卖艺为生。遇到谁家婚娶、丧葬或者做寿,她家就被主人雇去吹吹打打;遇到过节赶集,就搭台演戏。在朱德的记忆里,母亲那家人"是一帮爽朗而愉快的人,一般老百姓对他们喜爱得不得了"。虽然这些艺人给百姓们带来了很多快乐,但是他们的社会地位仍旧十分低下,生活也没有保障。

钟氏嫁到朱家,生育朱德时,只有28岁,却已经是四个孩子的母亲了。朱德回忆说:"母亲一共生了十三个儿女。因为家境贫穷,

★**史沫特莱**

女,美国记者,1928年底来华。在上海参加中国进步文化运动,与宋庆龄、鲁迅等人建立了亲密友谊和合作关系。她不顾国民党当局的新闻封锁,深入根据地报道人民革命斗争和抗日反蒋爱国运动。1941年返美。

无法全部养活，只留下了八个，以后再生下的被迫溺死了。这在母亲心里是多么惨痛悲哀和无可奈何的事情啊！"

辛苦的劳作，缺衣少食的生活，使这位年轻的母亲过早地担负起生活的重担。朱德后来在向美国女作家史沫特莱谈起自己的母亲时说道：

"她比一般妇女要高大一些，强壮一些，裤子和短褂上，左一块右一块都是补丁，两只手上浮现着粗粗的血管，由于操劳过度，面色已是黝黑，蓬蓬的头发在后颈上绾成了一个发髻，两只大大的褐色眼睛里充满了贤惠，充满了忧愁。"

"听说，我临出生的时候，母亲正在烧饭，还没等饭烧好，我就呱呱落地了。母亲生了我就立刻起身，接着做饭。"

在旧社会，妇女在大家庭中地位低下，整日操劳，很少有休息的时候。但母亲从不计较个人得失，她任劳任怨，善良宽厚。

每天母亲总是第一个起床，喂猪、砍柴、挑水。白天在地里辛勤地劳作，晚上还要挑灯纺纱，直到深夜。

永远的丰碑

纺出的纱线,母亲会请人织成布料,然后再一针一线地为一家老小缝制衣服。

在20多口人的大家庭里,母亲从没有和任何人吵过架,也没有打骂过孩子。一家人相处得都很和睦。

母亲同情贫苦的人，虽然自己不富裕，还总是接济和帮助比自己更贫穷的人。遇到荒年，常会有讨饭的到村里来，朱德家中没有粮食，母亲就煮菜粥送给他们。

朱德很小的时候，就开始帮助母亲做一些力所能及的活计。家里几个男孩儿，母亲尤其疼爱他，干活时常常把他带在身边。随着年龄的增长，朱德从母亲那里学到了不少劳动的知识。他后来回忆说："我到四五岁时就很自然地在旁边帮她的忙，到八九岁时就不但能挑能背，还会种地了。记得那时我从私塾回家，常见母亲在灶上汗流满面地烧饭，我就悄悄地把书一放，挑水或放牛去了。有的季节里，我上午读书，下午种地，一到农忙，便整日在地里跟着母亲劳动。这个时期母亲教给我许多生产知识。"

"母亲那种勤劳俭朴的习惯，母亲那种宽厚仁慈的态度，至今还在我心中留有深刻的印象。"

1909年，朱德投笔从戎，远走云南参加革命时，他最初没有告诉母亲，怕母亲伤心，因为全家人节衣缩食供他读书是希望他支撑门户，养活一家老小。但在后来的家信中，朱德了解了母亲博大的胸襟，母亲不但不反

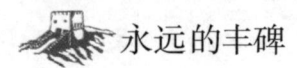永远的丰碑

对,还支持他参加革命。

母亲在晚年知道自己的儿子担任了八路军总司令,但她仍不辍劳作,自食其力,辛苦度日。但是遇到荒年,母亲和其他家人也陷入没有粮食吃的困境。1937年,已经是八路军总司令的朱德,虽身居高位,却是两袖清风,没有任何积蓄。当他得知家乡的老母亲迫于饥寒,无法度日时,焦急万分。他立刻给家乡的好友写信求助:

"我们抗战数月,颇有兴趣,日寇虽占领我们许多地方,但是我们又去恢复了许多名城,一直深入到敌人后方北平区域去日夜不停地与日寇打仗,天天得到大大小小的胜利……惟家中有两位母亲,生我养我的均在,均已八十,尚康健。但因年荒,今岁乏食,恐不能度过此年,又不能告贷。我十数年实无一钱,即将来亦如是。我以好友关系向你募贰佰元中币速寄家中朱理书收……"

这封信现在正安静地躺在中国革命历史博物馆中。信上满是质朴的语言,它体现了朱德大公无私的坦荡胸怀,也深蕴着朱德对自己母亲博大深沉的情意。

在后来《回忆我的母亲》一文中,朱德用饱含深情的笔墨追忆自己平凡而又伟大的母亲:

"我用什么方法来报答母亲的深恩呢?我将继续尽忠于我们的民族和人民,尽忠于我们的民族和人民的希

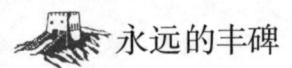永远的丰碑

望——中国共产党,使和母亲同样生活着的人能够过快乐的生活。这是我能做到的,一定能做到的。"

2. 与良师益友蔡锷

勋业震寰区,痛者番,向沧海招魂,满地魑魅迹踪,收拾河山谁与问?

精灵随日月,倘此去,查幽冥宋案,全民心情盼释,分清功罪大难言。

这是一副挽联。1916年11月,听到蔡锷在日本病逝的消息,朱德禁不住失声痛哭,提笔写下了这副挽联,寄托对蔡锷的深深的思念。

蔡锷的病逝,使朱德失去了一位良师益友,他与蔡锷交往的一幕幕往事又浮现在他的眼前……

时间回到了1911年春天,当时还在云南陆军讲武学校的朱德,自从1909年年初离家已经整整两年没有回去

▲云南陆军讲武学校

了。他思念母亲，思念家人，思念竹林繁茂的故乡。于是，他决定给家里写信，告诉他们这里的情况。

这时，房门被推开了，进来的是讲武学校总办李根源，他的身后还有一位陌生的军人。

"朱德，你怎么没出去耍？"

"我在给家里写信。"

"噢，我来介绍一下，这是新近来省的蔡松坡先生，现住在我们讲武学校。"李根源指着陌生人向朱德介绍着。

"蔡先生。"朱德恭敬地向蔡锷行礼，"学生朱德,字玉阶,特别班步科生。"

李根源笑着向蔡锷介绍说:"朱德是我们讲武学校的优秀生咧,当初还是冒籍进入讲武学校的,险些被除了名。"

趁李根源说话的机会,朱德仔细打量着蔡锷。他面容清癯,眉清目秀,像一个文弱书生,年龄不过三十上下。

听了李根源的介绍,蔡锷称赞道:"看得出来,朱玉阶同学将来一定会有所作为的。"

"蔡先生过奖了,学生只是为了救国救民,才下定决心来学习军事的。"朱德坦诚地说道。

"说得好!"蔡锷很喜欢朱德朴实、坦率的态度。

★李根源

近代名士,新中国成立后任全国政协委员。1905年加入同盟会。武昌起义后,任军政总长。1923年退出政坛。抗日期间,他曾4次为英勇牺牲的将士安葬骨骸。1965年病逝。

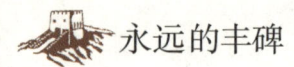

永远的丰碑

临走时,蔡锷邀请朱德有空到他那里去看看,朱德愉快地答应了。

事后,朱德从教官那里了解到,蔡锷是日本士官学校的毕业生。在学校时,由于学习成绩优异,与同期毕

业的蒋方震、张孝准同被誉为"中国士官三杰"。回国后,先后受聘于江西、湖南、广西督办军事学堂。这次来云南是应云贵总督李经羲的邀请到新军中任职。朱德还了解到,蔡锷只比自己年长4岁,但资历颇深,他思想进步,极力倡导"军事救国"的主张。

朱德发现蔡锷很少露面,他到底在做些什么?一股好奇心驱使朱德走进蔡锷居住的小院。

对于朱德的到来,蔡锷当然是欢迎的。他热情地把朱德引进屋里,让座、沏茶,和朱德交谈起来。朱德向蔡锷详细地讲述了自己为了寻找救国救民的道路,如何进入新式学堂,后又担任体育教员;如何跋涉数百里从

★梁启超

维新派代表人物,著名启蒙思想家,师从康有为,是戊戌变法的领袖之一。曾倡导文体改良的"诗界革命"和"小说界革命"。1929年病逝于北京。

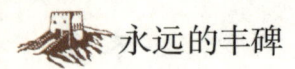

四川来到昆明,几经周折才进入讲武学校的经过,直到熄灯号吹过,朱德才依依不舍地起身告辞。蔡锷从书柜里取出几本书要朱德带回去看,并叮嘱朱德随时来找他。

朱德为能结识蔡锷而感到庆幸。此后,他常去蔡锷那里借书、看报,其中他最感兴趣的是康有为的《欧洲十一国游记》和梁启超的《新大陆游记》。书中的描述拓宽了朱德的眼界,为他展示了一个多彩的世界:历史悠久的古罗马斗兽场,宏伟壮观的圣彼得大教堂,风光旖旎的威尼斯水城……然而,更能吸引他的,则是康有为、梁启超对游历诸国时所了解到的各种政治制度所做的详尽介绍,使他对民主共和制有了

★曾国藩

晚清重臣;建立湘军,曾镇压太平天国运动;官至两江总督。在他的提议下,建立了第一所兵工学堂,建造了中国第一艘轮船,翻译印刷了第一批西方书籍,他是中国历史上最有影响的人物之一。

初步的认识。

经过一段时间的接触,朱德对蔡锷有了更多的了解。出身贫寒的蔡锷,曾经拜读于著名的维新派学者梁启超门下,深受维新思想的影响。目睹朝廷腐败、外侮日亟、民族危亡的现状,少年时期就立志救国救民。他以维新人士谭嗣同和唐才常为自己坐言起行的楷模。后来又参加了唐才常主持的自立会,从事反清活动。1900年,唐才常领导的武汉起义失败后,幸免于难的蔡锷遂将原名艮寅改为锷,意思是砥砺锋锷,重整旗鼓。随后,他即再次东渡日本,学习军事。他认识到,要谋求中国的独立自由,必须建立起强大的军事武装。所以,当他学成归国后,把全部精力投入

▲蔡锷将军

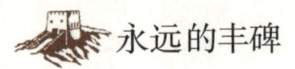
永远的丰碑

创办军事学堂上,力图培养新一代的军事人才。

蔡锷曾编辑《曾胡治兵语录》,他摘取曾国藩、胡林翼的论兵言论,每章后加评语,阐发其军事思想。在和朱德的交往中,蔡锷悉心地逐字向他讲解,并告诉朱德,曾、胡虽然不是武将,但是他们所讲的兵家之事见

地颇深,他们在治兵方面的阐述,是值得借鉴的。

通过这几个月的交往,他们之间建立起深厚的友谊,蔡锷的言行举止,给朱德留下了深刻的印象。

不久,武昌起义的消息传到云南,云南革命党人积极响应,在蔡锷等人的领导下,举行了推翻清王朝统治的起义。这时,朱德已从讲武学校毕业,被分配到蔡锷的部队里担任军官。当袁世凯丧权辱国、恢复帝制的活动日益引起全国民众的强烈反对时,朱德毅然决然地跟随蔡锷,参加护国战争,并屡建奇功,成功阻止了袁世

点击历史

武昌起义 清王朝为扑灭四川人民的保路运动,派大臣端方率领湖北新军前去镇压,革命党人趁机在湖北武昌发动了武装起义。1911年(农历辛亥年)10月10日的武昌起义一呼百应,革命风暴席卷神州大地,迫使清朝走向灭亡。武昌起义标志着辛亥革命全面爆发,在中国历史上具有里程碑的意义。

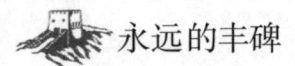

凯和征滇军的企图。

然而，就在护国战争取得胜利的同时，蔡锷的病情也在日益恶化，此时的蔡锷被喉疾和肺结核病缠身，病情相当严重。1916年8月，蔡锷辞去一切职务，准备东渡日本治病，在码头上，蔡锷握着朱德的手，声音嘶哑地说："此行东瀛，费时又费钱，是否能够痊愈，难以预料，恐怕是凶多吉少。古人说，武将不惜死，我能够看到护国战争的胜利，也算是满足了。"蔡锷的脸上显露出一丝痛楚的惜别之情。

分手亦可成永诀，朱德伫立在码头，望着渐渐远去的轮船，心中不禁悲伤起来。他把对这位良师益友的尊崇和爱戴永远埋藏在了心底……

3. 友谊逐日深——与史沫特莱

北京八宝山革命公墓。

郁郁葱葱的松树林中，矗立着一块青灰白石的大理石墓碑，碑上镌刻着：

中国人民之友　美国革命作家
史沫特莱女士之墓

朱德

一九五一年二月十六日

这座墓碑，记载着一段动人的往事。

1937年1月，美国女作家、记者艾格尼丝·史沫特莱从上海来到延安。早在1928年，她作为《法兰克福

永远的丰碑

▲ 史沫特莱

报》的记者首次踏上中国的土地，就结识了鲁迅、宋庆龄等一批知名人士。1934年，她根据中国革命者提供的材料，写成《中国红军在前进》一书，首次向全世界介绍了中国工农红军英勇作战的实况。

两年后，史沫特莱将视线移向中国的西北，因为那里聚集着刚刚胜利完成从中国的东南向西北转移的二万五千里长征的工农红军。

史沫特莱到达延安的当天晚上，就迫不及待地拜见了朱德。

后来在她的一本书里写道："围绕着他的名字，人民编织着上千种传说。因此，初到延安时，我以为见到的将是一个坚强英勇、脾气暴躁的人物，其滔滔不绝的论断几乎可以使森林燃烧的钢铁般的革命者",可是见面之后,她对朱德有了新的印象。在她的书中她是这样刻画朱德的:"他既不丑陋,也不漂亮;更不会使人获得任何英勇、暴躁的感觉。圆头,剪得短短的黑发间杂着白发,前额很宽,而且略微隆起,颧骨也颇突出。一对有力的上下颚,衬着大嘴,在堆满欢迎的笑容时,露出洁白的牙齿,鼻子宽短,面

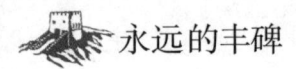

色黝黑。看起来完全是一副普通面貌。"

"要不是因为他身穿制服,很容易把他当作中国哪个村子里的农民老大爷而忽略过去。"他们二人在第一次见面时有以下的对话:

"你来延安准备做些什么事呢?"朱德打量着远道而来的史沫特莱,微笑着问道。

"我希望你把一生的经历讲给我听。"史沫特莱的回答坦率而诚恳。

"为什么呢?"朱德听罢颇为惊讶。

"因为你是一个农民。在中国,每10个人中就有8个是农民。而迄今为止,还没有一个农民向全世界谈到过自己的经历。如果你把身世都告诉我,也就是中国农民第一次开口了。"史沫特莱郑重其事地解释道。

"我的生平只是中国农民和士兵生平的一部分,没有特殊的地方。这样吧,你先到各处走走,和别人谈谈,再做决定吧!"朱德谦逊地笑着说。

第一次接触,朱德给史沫特莱留下了深刻的印象。她接受朱德的建议,在延安采访了朱德的许多部属,搜集了不少富有传奇色彩的事迹,足以作为她创作的素材。然而，她仍然决定要直接采访朱德，撰写他的传记。在史沫特莱的一再要求下，朱德才答应向她讲述自己的往事。

1938年元旦刚过，日军向山西增兵的消息不断传来，形势更加严峻。朱德考虑到部队经常要转移、作战，于是决定请史沫特莱离开山西。他和彭德怀一同劝说史沫特莱服从总部的决定。

"不管你们到哪儿，我也要去！"史沫特莱执拗地不愿离去。

"你到汉口去，可以做很多事情。"朱德耐心地劝导着。

"我在八路军中度过的日子是我有生以来仅有过的、最愉快的日子。只有在八路军里，我才找到了精神上的安

▲红军东征总指挥部山西旧址

永远的丰碑

★ 八路军

国民革命军第八路军。1937年，红军一、二、四方面军改编成八路军，朱德、彭德怀分别担任正、副总指挥。1946年国共和谈破裂，内战爆发，八路军改称中国人民解放军。

宁。"史沫特莱动情地说。

"一场新的战役就要开始，我们需要不停地转移，我们将会遇到极大的困难，弄不好你可能会被打死。"彭德怀在一旁劝道。

"你们死在哪儿，我也死在哪儿，埋葬在哪儿！"史沫特莱的态度依然十分坚定。

"还是走吧，以后再回来，我看用不了多长时间，你一定能回来的。"朱德继续耐心地劝说着。

"既然你们把话说到这种地步，那我只好走了。"史沫特莱终于无法控制自己的感情，伤心地哭起来。

第二天，史沫特莱在警卫战士的护送下，依依不舍地告别了朱德，告别了这片曾让她振奋不已的土地。

这一年，史沫特莱把这次西北之行的感受、见闻以日记体、书信体写成

《中国在反击》一书,在美国出版。

1945年夏天,史沫特莱开始撰写朱德生平传记,为了使写作素材更加翔实,她又给朱德写信索取资料。几个月后,她终于收到了朱德的来信及资料。朱德在信中写道:"我很感激地了解到,你想花费一些经历写我的生平。应当说,我的生平仅反映了中国农民和士兵生活的非常之少的一部分。是否值得你花费时间,我表示怀疑,由于你那样地坚持并已着手写作,我也只能答应所求。随函附上尚未发表的刘白羽先生所写的《朱德传》的部分草稿、《长征》故事两卷以及我从抗日战争到目前为止的部分写作。倘需其他材料,我将乐于照办。"

在僻静、安宁的耶多庄园里,史沫

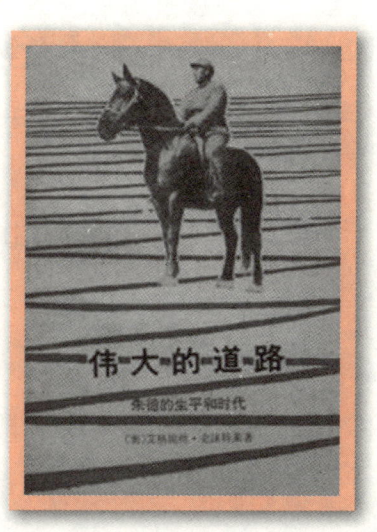

▲ 美国记者与作家史沫特莱所著《伟大的道路》

永远的丰碑

阅读拓展

★ 美国联邦调查局

美国最重要的情报机构，美国司法部主要调查机关。总部在华盛顿，英文缩写FBI。信条是忠诚、勇敢、正直。其任务是调查反联邦法罪犯，支持法律。

特莱辛勤地笔耕着。后来，她又去美国许多城市讲演，尽自己最大的努力为中国工作。史沫特莱的报道和讲演，引起了美国国内反共的麦卡锡主义者的仇视和嫉恨。从1947年到1949年，她不断受到盯梢、诬陷，迫使她不得不经常变换住所。即使在这样艰难的环境中，她也没有放弃既定的目标，终于在1949年1月完成了朱德传记的初稿，书名定为《伟大的道路》。同年2月，美国联邦调查局指控她是"苏联间谍"，进一步加剧了对她的迫害，《伟大的道路》一书的出版也遭到刁难、阻挠，但是她并没有屈服，仍然坚定不移地从事着正义的事业。当年10月，当她从广播中听到中华人民共和国成立的消息后，兴奋不已，难以抑制的喜悦使她决意再赴中国。她怀着无比激动的心情，给朱德写信："我已经知道新的中国政府终于成为现实,世界再也不会是老样子了。我亲眼看见我最大的愿望实现了……假如有一天我能重返中国,我一定要亲一亲它的土地。"

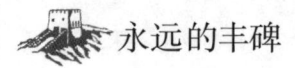 永远的丰碑

然而,长期生活的清贫和精神的抑郁,使她患了胃癌,她不得不住进医院治疗。1950年5月6日,终因手术无效,史沫特莱永远闭上了她那热烈、真诚的双眼。在她的遗嘱中,她这样写道:"我特别要求将我的遗体火化,把骨灰运交朱德将军,请他把它埋葬在中国的土地上……我希望我的骨灰能和许多中国革命烈士放在一起……我写作所得款项均请交给中国人民解放军总司令朱德将军,他可以用这笔款子,把它用在建设一个强大和自由的中国上。"

遵从史沫特莱的遗愿,在史沫特莱逝世一周年的祭日,朱德把她的骨灰安葬在北京八宝山革命公墓,和许许多多的革命先烈共眠在一起,实现了她生前要重返中国的夙愿。

4. 朱德和他的儿女们

1940年冬天,在周恩来和邓颖超的秘密安排下,与父亲离别了14年的朱敏和很多孩子一起到了延安。

远远地,她就认出了父亲朱德,只见他身穿八路军军装,两腿打着绑腿,很魁梧,站在一个高高的黄土墩上。看到女儿,朱德激动地跑了过来,一把抱住女儿。小小的朱敏本来还想说几句问候爹爹的话,可是在爹爹的怀里,却哭了……

朱德轻轻地抹去女儿脸上的泪水,说,不哭啦不哭,现在应该笑啊。你要知道啊,有好多娃娃都没有活到看见爹爹妈妈的那天……

有一天,朱德问女儿,长大以后干什么?朱敏看着父亲,坚定地说,和你一样,当八路军。逗得朱德呵呵地笑,他告诉女儿,打败日本鬼子,将来建立新中国,那时需要大量有文化的人,你现在还小,要学习文化。

　　相聚的时光总是短暂的。在那艰苦的岁月里,朱德决定把女儿送到莫斯科国际儿童院学习。那是专门为收留共产党的孩子而开办的国际学校。同行的,还有毛泽东的4岁女儿娇娇(李敏),娇娇到莫斯科和母亲贺子珍

团聚。

飞机在延安机场起飞了,渐行渐远,几个盘旋之后,父亲朱德的身影很快就成了黄土丘陵上的小黑点,一个更加残酷的岁月却渐渐地临近了……

父亲的爱是深沉的,也是严厉的。对于儿子朱琦,朱德似乎要严格管教得多一些。在河北西柏坡的时候,有一次儿子朱琦问他:"爸爸,全国就要解放了,咱们要进京享享福了!"朱德对这句话的味道品了品,品到这里包含着对年青一代进行思想教育的重大问题。于是,对朱琦说,"这就到吃午饭的时间了,来,今天跟我一块吃吧!"饭端来了,朱琦一看饭菜,不觉纳闷起来,这饭菜既普通,又特殊。普通的是小米粥、玉米面窝窝头、两盘素菜,特殊的是还有两盘拌野菜。朱琦好奇地夹了点野菜问道:"爸爸,你怎么还吃这玩意

阅读拓展

★ **西柏坡**

在河北省平山县中部。1948年5月,毛泽东率领中共中央、中国人民解放军总部驻扎在这里,使之成为解放全中国的最后一个指挥所。1949年3月中共中央从西柏坡迁入北平。

永远的丰碑

儿呀?"朱德收起笑容,意味深长地说:"长征的时候,有些同志因为连这样的野菜也吃不上,饿死了!常吃着它,忘不了艰苦的岁月。"朱琦听着,心里很不平静,看着爸爸身上穿的旧灰布军装,脚上穿的普通的布鞋,不由得眼窝一阵发热,说:"爸爸,我不跟着进京

了！"朱德问："你到哪儿去？"朱琦说："党需要我到哪里去，我就到哪里去！"朱德的目光久久地停留在朱琦的脸上，欣慰地笑了。

1947年4月，朱德到冀中军区检查工作。在听完了第十一军分区司令员杜文达的汇报后，又特意问道："朱琦在你们那里，他最近的表现怎么样？你要如实地讲。"

杜文达说："朱琦同志工作积极，学习也好，责任心也很强，比如最近我带几个团去攻打赵县，朱琦同志负责的通信联络工作就做得很出色。"

朱德连忙制止说："你不要光讲优点，难道他就没有缺点吗？"

杜文达想了想，说："缺点嘛，当然有。他有时生活上散漫一些，说话随便些。"

朱德沉思了一会儿，而后严肃地对杜文达说："朱琦生活上散漫，说话随便，这就是他认为自己是我朱德的儿子，有优越感嘛。这样发展下去，就会造成很不好的影响，是会脱离群众的。因此，我要求你对他严格管教，不能搞特殊，要让他把优越感克服掉。你回去要找他谈谈，告诉他这是我朱德交代你的任务。要他今后一

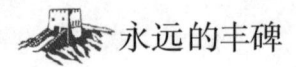
永远的丰碑

定要克服自己身上的毛病，加强组织纪律观念，尊重领导，爱护下级，平等待人，特别要注意尊重人民群众，说话要注意场合，注意影响，不利于团结的话不许说。他是个共产党员，是为人民服务的，是人民的勤务员，而不是当官当老爷，更不准有耍威风、摆官架子等旧军队的作风。"

1948年，辽沈、淮海、平津三大战役即将开始，一部分部队的同志要转到地方工作，朱琦也要转到地方铁路部门去工作。他听从父亲的话，开始在石家庄铁路局机务段当练习生，当司炉，后来当了火车副司机。直到全国解放后，朱琦仍按父亲的教导，继续在石家庄铁路局工作，担任火车司机。

1953年的一天，朱琦刚上班，就听领导说，今天开车是执行一项重要的政治任务，一定要完成好。

朱琦和列车机组的同志们齐心协力，把车开得又快又稳。列车顺利抵达目的地，他们圆满地完成了任务。就在这时，领导通知朱琦："首长要见你，快去吧。"

朱琦连工作服也没换，直奔贵宾接待室。他怎么也没想到接见他的首长竟是自己的父亲。朱德望着身穿工作服、两手油污、满脸汗水的儿子，显得十分高兴，拉着他的手，笑着说："你学会了开火车，而且还开得蛮不错，这很好。"

听到父亲的夸奖和鼓励，朱琦心里美滋滋的，不知说什么才好。他起身告辞，忽然发现自己坐过的沙发上留下一块黑印子，很不好意思地笑了。朱德见他那副尴尬的样子，也忍不住笑了："没关系，没关系。"送儿子出门的时候，朱德又连连嘱咐他，要在技术上精益求精，把工作做得更好。

点击历史

辽沈、淮海、平津三大战役　1948年9月至1949年1月，解放军同国民党军队决战。东北野战军林彪、罗荣桓负责辽沈战役；刘伯承、陈毅、邓小平等率领的华东野战军和中原野战军负责淮海战役；林彪、罗荣桓、聂荣臻指挥平津战役。三大战役的全面胜利，基本消灭了国民党军队，中国新民主主义革命已处于胜利的前夜。

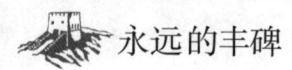 永远的丰碑

父亲的关怀和教诲,使朱琦感受到父亲的温暖,也给他以奋发向上的力量。

第五编

莫道桑榆晚，为霞尚满天

1. 兰花情 LANHUAQING

朱老总酷爱兰花。他种兰、赏兰、访兰，还常以兰花为题吟诗赋词，这成为他一生高尚的志趣。他在北京寓所的院子里，种了3000多盆品种不同的兰花，都是他长时间搜集来的，并且经常亲自侍弄。他的客厅、办公室、卧室，常有兰香飘逸。

早在井冈山时期，朱德便把一种野生兰花取名叫"井冈兰"。每当看到虽经炮火洗礼依然葱葱葳蕤的井冈兰，他常常爱不释手。

20世纪60年代初，朱德重访井冈山，亲自掘得"井冈兰"数株，小心翼翼地把它们带回中南海，亲手栽在院内。他每逢漫步花前，闻到兰花溢香，更加遐思翩翩。

朱老总在南昌逗留期间，在他下榻的院子里有片宽

永远的丰碑

阔的草坪,草坪上长着几株很大的桂花树。在桂花盛开的季节,绿叶金花,有如夜空缀满了团团簇簇的繁星。那浓郁的芬芳,使人闻之欲醉。树下有一组石桌石凳,

系青石凿成,清凉如水。朱老总特别喜爱这个地方,他在桂花树的四周分散摆放了几十盆品种不同的兰花,形成十分自然的点线组合,他经常坐在石凳上,时而仰视金桂的挺拔、凝重,时而俯瞰幽兰的潇洒、飘逸,恬静安逸,怡然自得,像一个在辛勤劳累之余,欣赏自己的成功作品的老园丁。

▲朱德南昌故居

一次,一位省里面的同志到他下榻的住处去拜访他。当得知对方也是一个爱兰的同道时,他便慢条斯理、兴致颇浓地给对方讲起了兰花经。他说,兰花是一种很娇贵的花卉,既怕烈日,也怕强光,水、肥、土都要恰到好处,多了

永远的丰碑

▲北京中山公园

少了都不行,有"春不入、夏不出、秋不干、冬不湿"的四大戒律。

他一面从容不迫、娴熟地给兰花换土,动作就像经验丰富的老花工,一面和对方说,兰花的生性是高洁、倔强的,它讨厌浓肥大水,讨厌狎昵拨弄,讨厌喧嚣烟尘的纠缠,所以它的香味清雅幽远,无与伦比,古人称它为"香祖""王者之香"。

说着说着,他的神情变得凝重起来,他告诉对方,"你要是喜欢它的香味,首先得尊重它的个性。你要像朋友那样,而不是像主人那样对待它。否则,它就不会给你吐芳纳芬。"

对方全神贯注地听着,默默地点头。

1962年新年伊始，朱德来到北京中山公园。他看到冬兰、春兰等多种兰花展览于室，一片盎然春色，便即兴作了一首《咏兰展》：

幽兰吐秀乔林下，
仍自盘根众草傍。
纵使无人见欣赏，
依然得地自含芳。

诗中热情地赞美了兰花与众草为伍，以大地为母的谦逊品格，令人至今读起来仍是那样亲切。

1963年4月，朱德回到他的老家四川，在峨眉山视察时，他看到庭院遍植兰花，便打听峨眉山的产兰情况。花工江占鳌告诉朱德说："峨眉山有100多种兰花，春剑、夏蕙、秋素、冬蝉等都有。"

阅读拓展

★ 峨眉山

位于中国四川西南部，最高峰万佛顶，海拔3099米。风景秀丽，有"秀甲天下"之美称。山路上常有猴群结队向游人讨食，为峨眉山一大特色。它也是中国四大佛教名山之一。

永远的丰碑

▲朱砂兰花

朱德听了笑着问:"有没有名叫嘉定朱砂的一种兰花?"

江占鳌答:"有。"

朱德听了亲切地说:"嘉定朱砂这种兰花是中外有名的珍贵品种,要保护好,不要让它绝了种。"

老花工听了甚是感动,望着眼前这位驰骋疆场、身经百战的总司令,想不到他爱兰爱得如此之深。

第二天,朱德请老花工带领警卫战士爬上石笋峰,采回10余种兰花。朱德让人弄来炉渣,亲自装盆垫底,并教战士埋根、填土,做示范。

他边栽边对战士们说:"兰花根很

有用处，是治疗妇女病的良药，不要把它扔掉了。"

栽完后，他把两盆兰花放在楼前的石栏杆上，并对女工作人员说："同志，请你替我管好这几盆兰花，今后我还要到峨眉山来，还要来看这些兰花。"

当晚，朱德还写了《鹦鹉曲·石笋峰采兰》一词：

峨眉山上随缘住，

石笋幽谷作仙父。

松竹友朋常照映，

同受雾云风雨。

达人知遇来访寻，

志愿随君前去。

若得供献作国香，

不朽芳名留处处。

"文化大革命"开始后，有人在中南海贴大字报，说养兰花是"资产阶级情调"。朱德看到后，只是平静地对康克清说："种兰草一可以美化环境，二可以调剂老人的业余生活，三可以出口为国家挣外汇。"

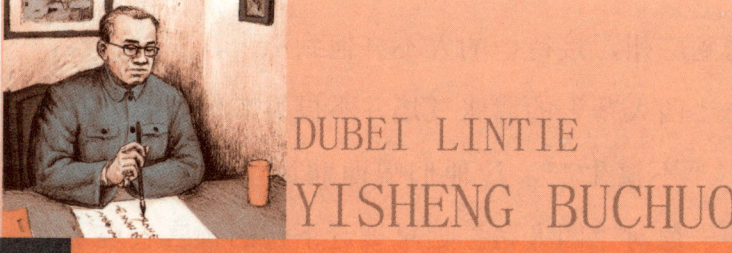

2. 读碑临帖一生不辍

DUBEI LINTIE YISHENG BUCHUO

"当我抬头凝眸端详挂在左侧墙上的条幅——'革命到底'时，真是思绪万千。那是朱老总1975年3月6日书写的，4个苍劲、浑厚的大字，显示了他的坚强意志，倾注了他对我及后来人的希望。他的真诚、善良、坚毅、博大、宽容等一切美好的思绪情操，仿佛都融在字中，跃然纸上，令人回思无穷，令人感奋不已。"

这是朱德夫人康克清在《最后十年》一文中回忆朱德的一段文字。"革命到底"是89岁高龄的朱德在"文化大革命"后期写下的一张条幅。当时，正值"四人帮"猖獗之时，国家经济建设受到严重损害，朱德忧心如焚。

当时，朱德的行动自由很受限制，有一段时间，朱

永远的丰碑

德被送到广州,接待他的人不许他到工厂、农村视察。朱德对"四人帮"的嚣张气焰并不畏惧,他坚定地对家人说:"不搞生产,让他们喝西北风,他们不会长久的。"朱德对"四人帮"迟早被赶下台的预言表现了老

一辈革命家高瞻远瞩的洞察力。

在"四人帮"横行的日子里,朱德常常练习书法以排遣内心的忧愤之情。

朱德对书法的爱好,是从小在私塾读书时开始的。朱德戎马一生,对书法的爱好伴随他走过了一段段难忘的岁月。跟随蔡锷将军讨伐袁世凯胜利后,朱德率护国军驻守四川泸州,练兵之余,他学习北碑。北碑是指北魏、北周、北齐等历史时期的碑帖,又称魏碑。朱德欣赏北碑的俊伟深厚,常与朋友切磋碑帖的韵道。

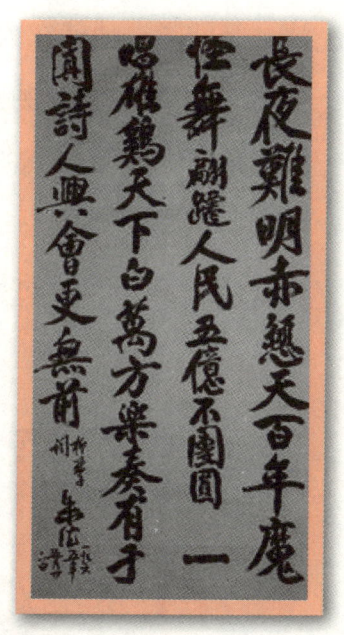

▲朱德书法

新中国成立以后,朱德在工作之余,也经常泼墨挥毫,笔力雄健。由于政务繁忙,朱德要出席重要会议,批阅大量重要的文件,又要外出考察,但是他仍然每天坚持读书看报,坚持练习书法。时间紧,他就在饭前或饭后练习20多分钟。

朱德对书法有独到的见解,他认为书法练习,从楷书入手,功底要深厚扎实,而后博采众长,欧阳询、颜真卿、黄庭坚的书法他都有研究。经过长期钻研,朱德在学习古人碑帖的基础上,形成了自己苍劲雄浑的风格。

朱德喜爱书法，但他并不沉浸在个人的喜好里，他始终不忘的是国家的前途命运。

"文化大革命"期间，朱德已是80多岁的老人，但他不顾年迈，日理万机，并与"四人帮"展开斗争。"四人帮"蓄意破坏国家生产建设，朱德坚决支持国家的生产建设。他每次见到负责生产的领导同志，都语重心长地说："一定要把国家的生产建设搞上去。"

他拿起笔，饱蘸浓墨，挥笔写下"革命到底"4个遒劲的大字。

1976年1月，周恩来总理不幸逝世，朱德当时已九十高龄，他拖着病体，挂着拐杖，沉痛地向这位老战友告别。在周总理遗体前，他举起手，向这位老战友行庄严的军礼。

从1922年，朱德在德国柏林见到周恩来，并由周恩来介绍加入中国共产

阅读拓展

★ 欧阳询、颜真卿、黄庭坚

均为中国历史上大书法家。隋唐时的欧阳询，其楷书笔力苍劲，人称"欧体"；唐代的颜真卿，其"颜体"楷书端庄雄伟；北宋四家之一的黄庭坚尤擅行书和草书。

永远的丰碑

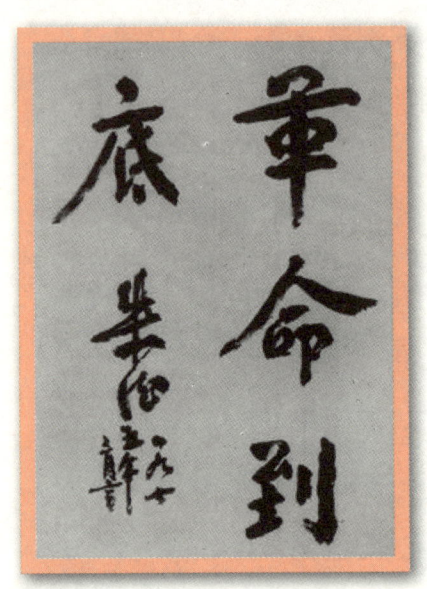

▲朱德书法
——革命到底

党,到1976年,朱德和周恩来这两位伟人的战友情意持续了半个多世纪,他们一起走过了长征,一起领导中国人民取得了抗战的胜利、解放战争的胜利,他们一起经历了战争的风云变幻,他们的情意已经超越了个人的情感,与国家、民族的命运紧密相连。

周总理的离世,朱德承受着内心的悲痛,他好几天吃不下饭,睡不好觉,他一遍又一遍地默念着:"恩来,你在哪里?"

朱德不顾年事已高,不顾疾病侵扰,他加紧工作。会见外宾,批阅稿件,指导国家建设,家人和身边的工作人员都担心着他的身体状况,他却说:"周总理不在了,主席又病了,我要多做一些。"

就像在战争年代一样,朱德从来都把自己的生死置之度外,始终把国家和人民的利益看得高于一切。

1976年6月,朱德会见了澳大利亚总理,由于会见时间过长,朱德病情加重,住进了医院。

朱德住院期间,身体虚弱,但他依然坚持要工作人员给他念当日的报纸。当时,朱德说话已经非常困难,7月1日那天,一大早,他就叫来秘书,断断续续地说:"今天是7月1日——报纸上一定有社论——念给我听听吧。"

医生要朱老总保持绝对的安静,不能太劳神,秘书也担心朱老总的身体,含泪躲到旁边的房间去了。

朱老总在生命的最后时刻,还不断地说着:"我可以工作,我们要——革命到底。"

1976年7月6日,朱德溘然长逝,享年90岁。

中国人民解放军的主要缔造者之一,中华人民共和国的开国元勋——朱德总司令,离开了他终生热爱的,也深深爱戴着他的人民。

朱总司令的一生伴随着中华民族的艰难历程和革命

永远的丰碑

历程，他直接参加了辛亥革命、护国战争、北伐战争、南昌起义、抗日战争、解放战争，见证了中华人民共和国的庄严成立和中华民族的崛起。

朱德作为中华人民共和国的领袖将被永远铭记在人民心中，他的丰功伟绩也将代代相传、永世闪耀。